任性出版

神邏輯

不講道理的人總能講出一番道理，你如何對付這一本正經的胡說八道？更該學學神邏輯回懟脫困

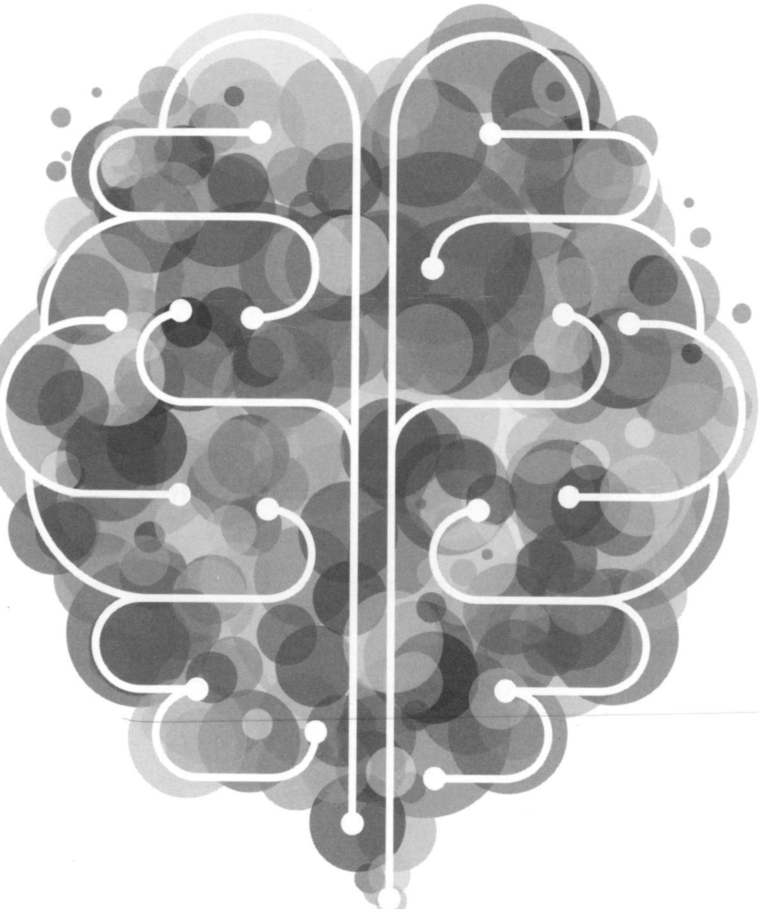

邏輯學和社會心理學著名學者
楊牧之——著

CONTENTS

CONTENTS

推薦序一

別人可以神邏輯，我只求問心無愧

職來直往 Miss 莫莉

這是一本輕鬆的小書，作者以詼諧的小故事，揭露一般人常用來幫身邊的人，貼上沒道理標籤的「神邏輯」。我對這也特別有感，因為我從一個小小的外商人資，靠著寫專欄成名。成名後，頓時讓我看清身邊的朋友是真心祝福我，還是如書中提到的酸葡萄心態。

身旁人部分的人都不知道，我會出來寫作，初衷是為了解決朋友的求職問題，也希望分享給更多有需要的朋友。但後來我成名後，朋友卻酸言酸語說：「妳現在很紅喔！」而我也懶得多做解釋，直接拒絕任何無效社交。

書中有一個章節，讓我特別心有戚戚焉，它提到了「什麼樣的人，交什麼樣的朋友」。

身為一個職場作家，我去大學演講時，常跟學生說好工作只能靠人脈，而這個人脈最好是弱連結，比較容易帶給你新的機會，或與你分享你所不知的業界情報。

也因剛出社會，所以你的交友圈將決定你會成為什麼格局的人。

還有在人際關係的互補方面，我自己的交友圈中，也印證了書中的道理。

我是一個比較外向，喜歡站在臺上發光發熱，被人看見的女生，但我的經紀人Nikki，是一個個性內向，喜歡躲在幕後成就他人的女強人媽媽，我們非常的互補，也各有不同專業。我懂人資，她懂行銷，因此我們總能在合作上截長補短，創造合一優勢。

生活中的人際關係往來，常是依照社會交換理論的遊戲規則在走。常有人問我，到底應該如何結交人脈？我的回答是：「**出社會只有等價交換，哪來什麼高攀，你得自己夠強，人家才會看見你。**」

在我剛畢業那年，毫無人脈，厚著臉皮求一個業界關係良好的老師幫我介紹工作。但他根本就不想幫我，只為他自己想，說我做研究很有潛力，要我繼續讀博士班，當他一個月九千元的研究助理。

後來，我靠著自己的努力找到工作，主管不僅薪水給的大方，也真心對我好，希望我未來能有更好的發展。在我提離職那天，她完全沒有對我情緒勒索，覺得我應該待在她身邊一輩子，她只對我說：「我相信妳去哪裡都能發光發熱。」

現在回想起來，當年剛畢業的我，既沒人脈，又沒名氣，其實也沒有什麼資源能夠跟這個老師等價交換。但也因為這個原因，每次演講時，若遇到積極進取、肯努力的學生，我都樂意幫他們介紹工作，或是給他們一些職涯建議。我從來不會期望能因此得到什麼回報，對我來說成就別人，就是成就自己。藉由跟學生的交流，也能幫助我更了解一般求職者的痛點。

我們的生活，或多或少都充滿著不屬於你的標籤，他人用著自以為是的神邏輯「訴諸情感」評斷我們的所作所為，但其實只要我們自己問心無愧就可以了。本書作者善用大眾心理學，幫你擺脫枷鎖，釐清真相，令人拍案叫絕。

推薦序二

一本真正跳脫邏輯框架的邏輯書

創新管理實戰研究中心執行長／劉恭甫

這是我讀過最有趣的邏輯書，每讀完一篇都讓我拍案叫絕。

回想小時候在學校讀書與考試，為了找出正確解，老師會訓練我們如何推理與邏輯思考。在職場上，主管也會要求與訓練我們推理與邏輯的能力，以找出工作中所發生的問題的正確解。有趣的是，在生活當中，存在著許多我們習以為常卻似是而非的觀念，例如「我做了這麼多，肯定會有回報的。」、「你知不知道你遲到一分鐘，全班四十個人，等於是浪費了大家一節課的時間！」如果我們用所學習到的推理與邏輯來看這些觀念，很容易因為看似正確解的謬誤而被誤導。

《神邏輯》這本書，能幫助我們在習以為常的謬誤中，以幽默的方式跳脫邏輯的框架，重新看待這個世界，還能在閱讀的過程中訓練自己獨立思考的能力，這與我提倡的創新思維不謀而合。我在企業教授創新課程時，常告訴同學：「創新思維是一種需要跳脫邏輯的框架，且需要解決沒有標準答案難題的獨立思考能力。」因為大多數工作難題都沒有標準答案，且需要跳脫框架，以獨立思考的能力去完成工作。每個人都必須掌握這種思考模式，才能夠以創新思維解決問題。

作者從心理學以及社會學的角度，挖掘以及探討經常發生在我們身邊隨處可見的謬誤，這些謬誤都以看似有邏輯，實際上卻沒有邏輯的形式存在著，作者以幽默的口吻打破讀者習以為常的思考脈絡。

在這之中我最喜歡的其中一條謬誤，叫做樂隊花車效應（從眾效應），因為很多人都在做同一件事（或相信同一件事物），所以這件事情就是對的。其實作者想要說，一個事物（或觀點）的流行程度和它本身是否合理沒有關係，其產生和存在這種觀念的原因就在於，他們在處理事物的過程中，沒有正確認識到問題的表象和問題的深意，並且大腦思維中沒有形成解決問題的概念，所以才會執著於表面。讀完這一段，令我拍案叫絕，真是一針見血。

《神邏輯》這本書以淺顯易懂的二十四條謬誤案例與說明，帶領讀者在幽默的情況下訓練思考。生活當中很多事情都沒有正確答案，相信本書能有效幫助你以更開心有趣的邏輯，重新思考人生重要的議題與觀點，誠摯推薦給你！

序

近乎狡辯但又在情理之中的神邏輯

某天一大早，突然被一陣電話聲吵醒，朋友在電話另一頭嚎啕大哭，一邊擤鼻涕，一邊跟我訴苦：「他明明說愛我的，既然愛我，為什麼寧可玩遊戲也不陪我，這真的是愛我嗎？」

身為一個同樣喜歡玩遊戲的男人，我下意識的告訴她，「在我們男人心裡，遊戲和女朋友是同等重要的！」

朋友在那邊哭得更厲害了，直接將矛頭轉向了我。

「你們這種想法，都是渣男的想法！」

「遊戲能幫你洗衣服、做飯嗎？」

「遊戲能幫你生孩子、照顧父母嗎？」

「這麼喜歡遊戲，還交女朋友幹什麼，為什麼不和遊戲一起過！」

我耳根子嗡嗡的疼，忍不住小聲嘀咕：「你們女生不也喜歡逛街買東西？」

說完，我就意識到自己一點都沒有安慰人的天分，果然她的怒火被我添油加醋燒得更旺了。

「我們逛街買東西，還不都是幫你們男人挑這個買那個，就算是買給自己也是為了讓你們賞心悅目，帶出門有面子。相反你們呢，只知道玩遊戲，遊戲能給女人什麼？」

這世上果然存在一種令男人無力反駁的洪荒之力，那就是女人嘴裡咄咄逼人的話語。最後，我不得不抱著死道友的虔誠心態，和她保持一致的立場，數落她男友的萬般不好。

「姑奶奶，我錯了！」

「妳說的對，這都是我們男人的錯。」

「尤其是妳那個男朋友，好好的玩什麼遊戲，一點都不成熟！」

「我上午還有一個重要的會面，妳讓我再睡會行不行？」

一番寬慰之後，朋友那邊漸漸冷靜了下來。

「你別說了。」

「我男朋友是不成熟了一點，但是他平時對我還是很好的。」

「而且，他再不好也比你好多了，他還有我這個女朋友，不像你，到現在還孤家寡人！」

也許是聽我說她男朋友說得狠了，她開始奚落我。天啊，何至於虐我這條可憐的單身狗。

跟朋友掛斷電話後，我感覺身心俱疲怎麼也睡不著了。等到澈底清醒過來後，才驚覺今天和一個客戶約定的時間馬上就要到了，而我——還沒有出發。匆匆忙忙趕到會面的咖啡店，距離約好的會面時間已經超過二十分鐘。

今天要見的客戶，是業內非常難纏的一個老女人。我上個月幾乎每天往她的辦公室打三通電話，才換來這次的會面。果不其然，還沒等我走進咖啡店，就看到她已經結完帳，朝門口走了過來。接下來的十分鐘，我都苦哈哈的跟在她屁股後面不斷的道歉和解釋。

「王小姐，真的非常抱歉，剛才碰上了一些突發事件，所以我……。」

「這是你的事，不用和我講。」

「是，我知道這是我的事，可是我們的會面……。」

「我們約的是九點到九點半，我想會面已經結束了。」

「但是我們什麼都還沒說啊。」

「這和我有什麼關係？九點到九點半的三十分鐘裡，我出現了，履行了我的義務，但你沒有來，那就是你的問題。」

「那我們的合作……。」

「什麼合作？我不記得我們談過什麼合作啊。」

「就是這次會面要談的合作。」

「哦？我們談了嗎？」

「剛剛我是有突發事件所以沒有……。」

「這是你的事，不用和我講。」

接下來的十分鐘裡，我和王小姐都是如此循環對話，最後我只能眼睜睜目送她上車，揚長而去。

灰溜溜的回到公司，不可避免要向上級彙報這個專案的進度。

「親愛的老闆，上午和王小姐的對接，因為一些意外，沒辦法進行下去了。」

「不要和我談意外，你看之前小楊和她對接的時候，沒有意外啊，怎麼到你這就有了？」

「我也是……。」

「我不聽解釋，只看結果。」

「可是現在這種情況，王小姐那邊已經很難溝通了。其實我覺得我們可以尋找新的合作商，這樣還能拓展公司新的業務圈子。」

「拓展新業務的事有小劉在做，我需要你做的就是留住王小姐那邊的案子，可是你做好了嗎？」

「我今天真的是有特殊原因。」

「我不聽解釋，只看結果，再給你三天時間，要是還做不好，就準備捲舖蓋走人吧。」

接下來的一天是怎樣的呢？我打了無數通電話給王小姐，但是一通也沒有成功打通過。等到天色暗了下來，同事都陸續離開，我揉了揉脹痛的額頭，沮喪的走出了公司，沒想到一出門口就和一個準備出來擺攤的小販撞在一起。

「你眼睛瞎了，不看路啊！」

「這是大門口，不管從哪個角度看，我往前走都沒錯。你放著大馬路不擺，跑到私人區域來擺攤，這還有理了啊！」

倒楣了一天，我的火氣已經快到臨界點，這會又碰上出言不遜的小販，頓時有點忍無可忍。我努力克制情緒，這時，小販卻一屁股坐在地上開始大喊大叫。

「都市人欺負鄉下人。」

「不讓人有活路！」

「我一車的東西都乾乾淨淨的，你憑什麼要推翻我的車啊！」

我一時丈二金剛，摸不著頭腦，呆愣愣站在原地。沒等我說話，不知道從哪冒出來五、六個圍觀群眾，不由分說開始對我輪番攻擊。

「看起來衣冠楚楚，沒想到這麼不斯文！」

「就是，欺負小商販算什麼本事！」

「最討厭這樣的人了。」

「人家小販賺錢也是不容易，這樣欺負人，真是過分。」

我筋疲力盡的回到家，躺在床上，腦海中一遍一遍的閃現朋友、王小姐、老闆、小販、圍觀群眾說的話。這些話，就像是從遠處轟隆而至的雷聲，敲打著我的頭腦，衝擊著我原有的邏輯認知。

雖然很多倒楣事湊在一起，但真正讓自己感觸頗深的是，每個人近乎狡辯但又在情理之中的神邏輯，想到這，我心中一個念頭越來越強烈……。

我要寫一寫這些讓人糟心的社會百態，尤其是身邊最熟識的人奇葩的是非觀念。我要用自己了解有限的知識，好好去重新認識一下這個越來越陌生、越來越古怪，越來越魔幻的世界。

也許我的觀點有班門弄斧之嫌，也許還存在各式各樣的漏洞甚至會鬧出自己都不知道的笑話，也許我的長篇大論沒有那麼正確，但是我相信，我們的感觸，總會在萬千頻道上得以相逢，最終交匯融於一處。

第一章

總以為對方別有居心之典型陰謀論

01 要不是有利用價值，誰理你

李老師在大學任教三十多年，因為開明的教學風格，一直深受學生的歡迎。每到年節假日，都會有學生打電話給李老師或者送禮物。今年大一新生中，有兩個女同學特別受李老師喜歡。

一個是學習態度很好的璐璐，她每次上課都坐在第一排，筆記做得很勤，李老師分派的每份作業她都認真完成，雖然才大一，但是李老師每次去圖書館，都會看到她在那裡認真學習。雖然她和李老師的互動不多，但是李老師很欣賞她刻苦用功的學習精神。

另一個女同學叫安安，成績普通，但是人特別開朗活潑，並且對很多事情有自己獨到的見解和看法，經常打電話給李老師，很快就和李老師相處的情同母女，李老師漸漸的也喜歡叫安安陪自己去一些會議和活動。

有一次，李老師收到一個關於聯合國文化發展的活動邀請，碰巧安安和其他同學外出遊玩不在學校，李老師便想叫璐璐一起去。對於李老師的邀請，璐璐受寵若驚，一路上非常緊張，對李老師說的話恨不得都拿本子記下來。等到會議結束後，李老師邀請璐璐到家裡吃飯，嘗嘗自己的手藝。

酒足飯飽，璐璐離開李老師的家，回到學校後，沒有像以前那樣去圖書館讀書，而是去操場上打電話給在別處上學的好閨蜜，並且抱怨說：「我總算知道為什麼安安要費盡力氣的去討好李老師，原來是想經常跟著李老師去參加這些活動，藉著李老師去認識更多的人，她真的好有心機。」

電話那邊，閨蜜連連附和著璐璐的話。

後來，璐璐也開始嘗試經常打電話給李老師，主動提出陪李老師去參加各種活動。但是當璐璐發現很多時候李老師帶她們去的，都是一些無聊或者沒有什麼特殊人物去的活動後，便又開始抱怨，並且每當李老師再打電話邀她時，都故意裝作沒有聽到。

反觀安安，對於李老師的每次邀請，都會詳細問清楚活動的內容和時間，只要是她有興趣並且有時間的都會去，而沒有興趣的活動，安安也會將自己的想法說給李老師聽，每每將李老師逗得哈哈大笑，說她是鬼靈精怪。

而對璐璐的做法，李老師心中不無感嘆，身為一個教書育人三十多年的老教授，李老師很快就明白了璐璐內心真實的想法，對這個刻苦學習的女生，有這樣的心思，充滿了遺憾。

在上面這個案例中，璐璐就是典型的信奉「他對你好，是因為你對他有利用價值」這一神邏輯類型。

璐璐將人與人之間的交往，完全用利益的眼光來看待。她在和李老師一起參加活動的過程中，將自己的注意力放在了對整個活動的層次、級別、來往人物的身分，以及她可以從中獲取的價值等方面。

璐璐的想法和行為，是嫉妒、欲望強烈的典型表現。

嫉妒的滋生，影響到她的判斷力和價值觀，無法客觀的看待一件事的本質，支配著她遇事最先考慮的永遠是物質與利益的得失，並且會在不斷的自我補腦中，沉迷在憤憤和不滿中無法自拔。

嫉妒，是每個人都具有的欲望之一。嫉妒心強的人，更是比比皆是。所以諸如璐璐所信奉的這類神邏輯觀念，在生活中有大批的信徒。

就如中國最出名的大媽這一群人。一提起大媽，大家的腦海中可能立刻就出現了很多標籤：斤斤計較、愛管閒事、八卦、小氣、貪小便宜……這些標籤，我個人認為，實際上都屬於人對物質欲望的過分渴求。

然而很多時候，並不是你想要，就能夠得到。

很多不切實際的欲望在現實中都無法獲得滿足，於是大部分人便將這種欲望無法獲得滿足的不滿和失望，用尖銳、憤慨的文字或話語表達出來，透過精神的宣洩來撫慰內心的痛，從而催生了「可憐之人必有可恨之處」這一概念下的邏輯思維。

在生活中，更是經常看到這類神邏輯的現實場景。這些現實的神邏輯形態，經過文字的發酵，在網路傳播中廣為人知：

老師和小明

老師：「丹丹，聽說你這兩天注意力不集中？來喝點牛奶，有營養。」

小明：「對他那麼好，還不是因為這回期中考試，班級榮譽獎要靠丹丹考全校第一。」

老師：「小明，這回的考試成績我暫時就不追究了。」

小明：「知道了，又要我去打掃清潔區，對吧！」

老闆和小明

老闆：「這個月公司特別發放了兩倍的獎金給小趙。」

小明：「還不是因為接下來那個競標，對方的負責人是小趙的舅舅。」

路人和小明

路人甲：「你好，今天是個特殊的日子，送你一顆蘋果。」

小明：「說吧，你想要推銷什麼？」

路人乙：「那個街頭藝人的歌彈的真好聽，我們錄起來，幫他宣傳吧。」

小明：「我看是他們自己想出名，嘩眾取寵！」

父母和小明

媽媽：「兒子，我買了新衣服給你。」

小明：「肯定又是想物質上收買我，要我報考她喜歡的大學。」

爸爸：「兒子，這個月零用錢多給你兩百元。」

小明：「說吧，又想要我幫你隱瞞老媽什麼事。」

無論是璐璐，還是小明，總有這樣一類人，完美的和中國古語裡的一句話不謀而合，即：認為別人做某件事都是「黃鼠狼給雞拜年，不安好心。」這類人內心的欲望訴求影響著他們的價值觀，批判別人尋常或熱心之舉，最先想到的總是對方別有居心的一面，以目的論、陰謀論的眼光看待身邊的人和事。

在大眾心理學的概念中，這樣的人，被定義為具有嫉妒心理，在社會認知和情緒上有一定的心理缺陷。

他們在看到別人在名譽、地位、錢財、愛情等方面比自己擁有的更多時，心裡就會酸不溜丟的不是滋味。

這種包含著憎惡與羨慕、猜疑與失望、委屈與虛榮，以及傷心與悲痛的複雜的情感體驗就是嫉妒。

莎士比亞說：「嫉妒是綠眼妖魔，誰做了它的俘虜，誰就要受到愚弄。」

最後，讓我們深呼一口氣，仔細回憶，從現在追溯以往，我們是否曾經發表過這樣的言論？是否追捧過這樣的言論？是否已經成為了嫉妒的俘虜？

神邏輯謬誤

稻草人謬誤（打稻草人）

曲解別人的觀點，使自己能夠更加輕鬆的攻擊別人。

誇張、扭曲，甚至憑空創造別人的觀點，使自己本身的觀點顯得更加合理。這是一種極端不誠實的行為，這不但影響了理性的討論，也影響了自己觀點的可信度。因為如果你可以負面的扭曲別人的觀點，你就有可能從正面扭曲自己的觀點。

例子：小明說國家應該投入更多的預算來發展教育行業。小紅回覆道：「想不到你這麼不愛國，居然想減少國防開支，讓外國列強有機可乘。」

神邏輯經典對話

會在一起還不是為了錢

大胖喜歡的女生最近交了一個男朋友，他成天鬱鬱寡歡。朋友安慰他：「別傷心了，她跟那個男的在一起，還不是因為那個男的有錢，等你有錢了，一堆女孩子都會主動撲上來，有時間傷心，不如好好想想怎麼賺錢。」

後來，大胖事業有成，再次去追求喜歡的女生，卻依舊沒有成功。朋友再次安慰他說：「別傷心了，她跟那個男的在一起，還不是因為那個男的長得帥，你去韓國整個容好了。」

大胖想了想女生現在那個又禿又矮的男朋友，之後再也不和這個朋友聯絡了。

A跟女朋友分手了，原因不明，不久之後女朋友就跟另外一個男孩子出雙入對，在學校裡招搖過市，A的朋友們憤憤不平，拉著他喝酒吐槽。

B：「我跟你講，女人果然不是什麼好東西，見一個愛一個。」

C：「屁嘞！她們可不是見一個愛一個，是誰有錢就跟誰，你說A哪點比不上那個王思蟲，不就是沒有他有錢嗎？」

小趙被逼著跟家人介紹的一個男孩子相親，兩個人見面的第一天，喝了點東西準備找個地方吃飯。小趙想要去吃烤肉，男方想要去吃麻辣燙。

小趙：「烤肉店就在這附近，走過去就好了，很近的。」

男方：「妳知道妳為什麼找不到男朋友嗎？就因為妳愛錢！麻辣燙得罪妳了？妳就那麼不願意去吃？」

小趙心想，剛剛咖啡都是AA（各付各的）的，吃個烤肉也沒打算讓他付錢啊！有必要這個樣子嗎！

小趙跟小琳一起去逛街，小趙隨手丟了一個垃圾，小琳看到了斥責她的不是，並且將垃圾丟到了垃圾桶裡。

小趙覺得大庭廣眾之下，小琳這樣做實在太過分了，兩個人是朋友，有必要因為這一點事說得那麼嚴肅嗎？搞得所有人都在看自己。

於是小趙慢慢疏遠了小琳，等小琳發覺之後，去找小趙問原因。

小趙：「我覺得我們兩個三觀（按：世界觀、人生觀、價值觀的合稱）不同。」

小琳：「不會啊！我們不是一直都挺好的？如果我做錯事，我跟妳道歉好嗎？」

小趙：「妳不應該在大庭廣眾之下說我亂丟垃圾。」

小琳：「丟垃圾確實是不對的，不但對環境不好，而且也會增加清潔工的工作。」

小趙：「如果我不丟垃圾，他們不就失業了？人人都不丟的話，還要清潔工做什麼？再說，妳不隨手扔垃圾，還不是因為怕別人看見，別以為我不知道。」

他之所以這樣做，是因為○○能給他帶來好處

傑克剛畢業就進入了自家公司工作，想起同寢的室友還沒有找到工作，於是對他伸出了援手，其他人知道之後，有的羨慕，也有的嫉妒。

同學A：「傑克真夠義氣，早知道我上學那時對他好一點。」

同學B：「是啊，誰知道他竟然是個超級富二代，平時那麼低調。」

同學C：「大衛真是走了狗屎運了，一畢業就能進入那麼好的公司。」

同學D：「切，你們都被傑克騙了，如果傑克真的是好人的話，他們寢室其他兩個人，怎麼不也安排工作給他們？傑克之所以讓大衛去他們家公司上班，還不是因為大衛有個舅舅在某機關裡做事，傑克家最近有個案子一直審核不下來。」

小琳最近要找工作，沒有時間玩遊戲，就把遊戲帳號送給了一個遊戲裡玩得好的玩家。同寢室的人知道之後，覺得小琳太土豪了。

室友A：「小琳，妳在這遊戲裡花了不少錢吧？怎麼說送就送了啊？」

室友B：「就是，看妳每天這麼忙也真是辛苦，就算沒時間玩，放在那裡也好呀！心疼妳。」

室友C：「這你們就不知道了吧？小琳之所以把遊戲帳號送給她，是因為那個玩家就是小琳這次去的實習公司的主管。」

室友恍然大悟，小琳傻眼愣住了。

小雨最近對琳琳特別好，總是幫琳琳帶早餐送小禮物，其他同學都覺得很奇怪，畢竟小雨跟琳琳以前關係並不好，也經常因為爭奪第一名而暗地裡較勁。

這時候同學A站了出來，冷嘲熱諷：「小雨可真會做人。」

同學B：「你是不是知道什麼呀？小雨最近怎麼會對琳琳那麼好？前段時間不是還因為一個作文比賽的名額爭的面紅耳赤嗎？」

同學A：「這你就不知道了吧？小雨的爸爸調到了琳琳爸爸的部門了，現在是琳琳爸爸的部屬，小雨能不對琳琳好嗎？」

同學C：「才不是呢！琳琳上次將作文比賽的名額讓給了小雨，所以小雨才對琳琳那麼好，小雨只是懂得感恩。」

同學A：「琳琳為什麼要把名額讓給小雨？還不是因為小雨的作文本來就寫得比她好嗎？」

02 他對你好，其實是有目的

你是否經歷過和好朋友的決裂，就因為他（她）認為你的關心是做了對不起他的事所以心虛？你是否聽過革命戰士去幫助犧牲戰友的家人，卻被當成是因為害死了戰友所以心虛？

小美是一名參加安心志願者多年的資深員工。在二〇一〇年時，她參加了一個關愛離異家庭中孩子健康成長的案子。當時，她走訪的是鳳凰社區中的一個小男孩。男孩叫傑克，父母在他十歲時離婚了，爸爸的生意越做越大，後來雖然一直沒有結婚，身邊卻從來沒有少過女人。媽媽改嫁到國外，每個月都會寄生活費給他，卻很少再回來看他。

傑克一直跟著爺爺奶奶生活，從小早熟的他知道自己的家庭和別人的不一樣，所以非常叛逆，對家的渴望讓他不斷的惹事，就是為了能夠獲得父母的注意。小美第一次見到傑克時，就中了傑克的「惡作劇」，一盆架在門上的水，全都淋到了身上。在之後的溝通中，傑克一直都不配合，不是找不到人，就是拿蟲子、蟑螂等嚇唬她。

後來，小美透過各種辦法聯繫到了傑克的爸爸，這一回，傑克沒有惡整小美，但是他卻說出了自己一直以來對小美的看法：「妳一直裝作一副關心我的樣子，不就是為了引出我爸爸嗎？現在妳如願以償了！」

原來，傑克一直認為接近自己的女人，都是為了能夠接近他爸爸，因為爸爸有錢，所以這些女人都是想要攀龍附鳳的。

「傑克還是一個十歲的孩子，會產生這樣的想法，讓我很震驚。我特別為他擔心，因為從這件事可以看出，傑克的成長環境充斥的觀念特別雜亂，這對傑克形成健康的世界觀，有非常大的影響。」這是小美當時和傑克的爸爸交談過程中，說的最多的話。

都說孩子是一張白紙，上面有什麼樣的畫作，全看父母、老師和社會的引導。顯然，在傑克的紙上，由於父母的離異，紙上重要勾勒的那一筆已經出了問題。父母離異，並且雙方都不在傑克的身邊，這給傑克造成了很深的心理創傷，在他還未成熟的認知裡，對社會，對家庭的定義潛移默化的發生了變化。

而傑克認為小美接近自己，是有預謀的想要勾引他爸爸。在小美的後續了解中得知，傑克的一個小學老師，曾經對傑克特別好，那時候原本有些孤僻和憂鬱的傑克，在老師的幫助和關心下，逐漸走出了父母離異的陰影。

但就在傑克想要好好學習時，偶然聽到老師打電話給她的好朋友說：「要不是因為他爸有錢，又是我喜歡的型，我才不會像祖宗一樣伺候那個小屁孩。」老師的話，讓傑克非常受傷，並且再次性情大變，不僅開始蹺課、打架、還一度非常排斥想要關心他的女性長者。

孩子是最單純、最敏感的，一次的傷害，就有可能讓他們從此關閉心房，對每個接近自己的人，都會先揣測對方是否有什麼陰謀和目的，而不會再單純的相信善意、真心。

將傑克的故事作為案例，除了符合這一節要討論的內容外。還因為在我的了解過程中，發現一般具有陰謀論的人，或多或少都是從小在對社會的認知上受到過傷害。這種傷害，也可以稱為這些人在人生中的逆境，由於這些逆境比較特殊，不可逆轉，所以導致他們的逆境心理比普通人的程度更深。

大眾心理學上，是這樣定義逆境心理：逆境心理是指個體從事有目的的活動，受到主客觀因素的阻礙或干擾，以致使預期的動機和目的不能實現，需要不能得到滿足時的情緒狀態。逆境是人的一種心理現象，而且是人類個體存在的普遍現象。這種心理現象是以負面情緒為主要特徵。

試問，正常的逆境情況下，比如創業失敗、考試失敗等，都是客觀規律下，會發生的正常的事情。這樣的逆境，心理稍微強大的人，可以透過適當的方法在合理的週期內恢復正常。但是諸如傑克這樣的孩子，從小受到各種主客觀因素的干擾，從而在社會認知上就產生了不同的思維的人，長大後，看問題的角度，也會深受曾經根植於記憶中的想法影響。

在心理學的相關資料裡，要找到相關的案例很容易，比比皆是，讓人看了之後，觸目驚心。

小溫是一個從小被遺棄的女嬰，被育幼院收養。小溫在育幼院度過了幾年快樂的生活，在她五歲時，育幼院改革，迎來了很多領養的家庭。但是每每小溫充滿期待的想要找到新父母時，卻被告知，前來領養的家長，更希望領養男孩。

小溫的潛意識裡對於男女之間不平等的觀念越來越深。等到她長大後，做什麼事，都會先因為自己是女生而怯弱，並且每每一些事情沒有做好，就會第一時間認為，是因為自己是女生，所以才會什麼都做不好。

除了特殊的案例外，現實生活中，我們也常從很多對話之間，感覺到朋友或同事的觀念中存在的神邏輯。

同事之間

小劉：「聽說陳總主動扛下了這次專案事故的責任，果然是個好上司。」

小明：「別被騙了，什麼好上司，那是因為他貪汙，汙了公款，才導致材料出問題的。」

小陳：「年終獎金發完了，感覺公司的福利越來越好。」
小明：「明明是上個月老總和你老婆搞在了一起，為了彌補你才給你錢，打發你的。」

朋友之間

老大：「今天我請你們吃飯吧。」
小明：「你是不是又偷穿我們乾淨的襪子不想洗了？」
好閨蜜：「我覺得校草喜歡妳。」
小茗：「其實是妳喜歡人家，想要利用我吧？」

師生之間

老師：「楊〇〇獲得了我們學校今年的一等獎學金。」
小明：「肯定是楊〇〇給錢了。」
老師：「這次的期中考試，劉菲同學成績進步最多。」
小明：「她肯定是事先知道題目。」

平時我們看到這樣的對話，大都當作冷笑話，一笑而過，很少有人會靜下心來思考幾個為什麼。他為什麼說這樣的話？這樣的話為什麼有人認可？這句話哪裡對哪裡錯？

某首富捐款，被笑侃、嘲諷、酸溜溜的諷刺是有洗錢嫌疑。除了證據，我們任何人都無法肯定的說這位首富真的這樣。但是這句話在大的社會背景下，也不能被完全否認，社會中不存在這樣的有錢人做這樣的事。

神邏輯的很多語錄中，是非對錯，都是相對的。

對於一般民眾來說，單純的說這句話來定義某個人某件事，是錯的。但是將這句話放大到社會中，就多了幾分真實，因為確實有這樣的人和行為的存在，所以邏輯學一向秉承前提必然下的因果推論。

將這些案例，歸類到人的感性認識之中，有真有假，有對有錯，在邏輯學的範疇是不能輕易論斷的。而歸類到理性認知之中，這些案例則全都是偽命題，因為它們的前提在現實客觀規律下都是假設的。於是，依託這個前提產生的推理和觀點，都無法為真。

神邏輯，在邏輯學的範疇，便真的成了博君一笑的快銷產品。但是，也有那麼一群，眾人皆醉我獨醒的人，他們在每一個神邏輯案例的背後，看到的是社會環境的不完善，是貧富差距、人的知識水準和道德素質的亟待改進。這些醒著的人，面對神邏輯，往往會嗤之以鼻，或細思極恐（按：仔細想想，覺得恐怖到了極點）冒出一身的冷汗。

而此時此刻正在讀這本書的你，又是否後背發涼了呢？

神邏輯謬誤

訴諸情感

試圖透過操縱別人的情感，來取代一個有力的論述。

操縱的情感可能包括恐懼、嫉妒、憐憫、驕傲等。一個邏輯嚴謹的論述可能激起別人的情感波動，但是如果只用情感操作而不用邏輯論述，那你就犯了訴諸情感的錯誤。

每個心智健康的人都會受情感影響，所以這種謬誤很有效，但這也是為什麼這種謬誤是低級和不誠實的手段。

例子：小紅在餐廳看到小明吃鹿肉，於是上前訓斥：「你怎麼可以吃鹿肉，鹿是多麼可愛，就像小朋友一樣，你忍心傷害小朋友嗎？」

神邏輯經典對話

你跟他是同夥的，所以你們肯定……

開會時，經理點名罵我：「你怎麼又遲到了？你自己說，你這個月遲到了幾次？」

我十分抱歉的回道：「不好意思，今天我家路口發生了車禍，有點塞車……我保證是最後一次。」而且我來公司那麼久，還是第一次遲到，之前並沒有遲到過啊。

經理突然用力的把手裡的文件摔在了桌上：「最後一次，每次都是最後一次，你們這些人遲到就算了，還敷衍我。」

同事對我投來了同情的目光，顯而易見，經理今天心情不好，我恰巧又撞到了槍桿上。

我繼續道歉：「經理，之前我並沒有遲到過，這是我第一次遲到，也絕對會是最後一次，而且今天確實是有特殊原因，實在對不起，請你一定要原諒我。」

經理氣急敗壞：「還頂嘴，之前不是你是誰？難道是我嗎？」

同事這時不好意思的開口道：「那個……不好意思，之前遲到的人是我，不是他。」

經理：「你們這群應屆畢業生，好吃懶做，沒有一點時間觀念。你們知不知道現在的工作有多難找，你們這群九〇後啊……。」

平時走的那條路上出了車禍，導致臨時堵車，只好打電話給主管跟她說晚點到，結果主管電話裡就開始發飆：「出車禍的是你嗎？人家出車禍跟你有什麼關係？」

我：「不是我。」

主管：「不是你的話，你怎麼要請假？」

我：「那條路塞住了……我現在正在換乘地鐵的路上，可能會晚點到。所以先跟妳說一聲。」

主管：「那你知道堵車為什麼不提早半個小時出門？」

我：「……。」

我怎麼知道會堵車……。

主管：「算了，你們這群九〇後就知道偷懶，也不是一兩次了，肯定是睡過頭了，趕緊過來！」

下大雨全城道路不通，遲到了半個小時。

經理：「你怎麼遲到了？」

我：「雨太大公車好久才一班，開得又慢，計程車又叫不到。」

經理：「那為什麼小林沒遲到，你卻遲到了，他跟你不是住在同一個社區嗎？」

我：「他有車我沒有……。」

經理：「小林為了能準時上班都買車了，你為什麼不買車？」

小林真的不是為了準時上班才買車的，而且，這兩件事並沒有什麼因果關係吧？

經理：「都是九〇後，怎麼人家小林都買車了，你還擠公車？就是因為你這懶惰沒有時間觀念的性格，才導致你和小林差那麼多，你知道嗎？」

我：「那是因為人家的爸爸有錢吧……。」

今天早上有一個很重要的會，為了萬無一失，我特別提前兩個小時起床準備。才剛出門，主管就打電話來：「你怎麼還沒到？都快要九點了！」

我：「我正在過來的路上了，馬上就到。」

主管：「現在的年輕人，一點時間觀念都沒有，這都幾點了，還沒有看到人……。」

我掛了電話之後，看了一下時間。八點零五分……距離會議開始還有一小時二十分，從我家到公司頂多二十分鐘。

經理臨時要一份文件，要我馬上做出來。我立刻開電腦開始找資料，一個小時後，經理打電話來：「怎麼還沒有寄給我？」

我：「不好意思，我還沒有做完。」

經理：「你怎麼回事？把我的話當耳邊風是不是？我跟你說過多少次要立刻、立刻、立刻做出來，你現在跟我說你還沒做完？」

我：「剛剛在找資料，現在馬上做給你。」

經理：「現在做能做得出來嗎？你現在做難道就不用繼續找資料了嗎？你這樣一邊找資料一邊做的能用嗎？」

我：「……。」

經理：「怎麼了，說你兩句就不開心了？你們這群九〇後就知道偷懶摸魚，我早就知道你們這群人不是幹活的料，你明天不用來了。」

茶水間的洗手檯又堵住了，主管剛好在倒水，跟另一個同事說：「小王真是懶，以後公司堅決不能錄用〇〇地方的人。社群上經常有人說那個地方的人不好。」

同事：「是啊、是啊！」

主管看了我一眼：「你跟小王挺好的吧？你怎麼也不勸勸他，這洗手檯都堵成這樣了。下次他再這樣，可別怪我不客氣。」

我：「主任，小王沒有在公司吃飯，這好像是誰在這洗便當盒，渣滓沒處理乾淨呢！應該不是他的問題。」

主管：「你的意思是我冤枉小王嗎？別以為我不知道，他們那邊的人都是這樣不愛乾淨，除了他，還能是誰？」

03 如果不是你撞的，你為什麼要救？

有一群人，他們的價值觀念中，相信這樣一件事：世界上沒有單純的好，每個善意的舉動背後都有著巨大的陰謀和目的。

在這樣的思維觀念下，遇到主動扶老人過馬路的小孩，他們會說：「年紀這麼小，就知道做表面功夫，還不是為了想被學校記嘉獎。」

當聽說有人主動將全部財產捐給慈善機構，他們又說：「肯定是虧心事做多了，他叔叔的死肯定和他脫不了關係，所以他才不敢要這個錢。」

人無完人，很多時候，由於對某件事具體的看法，受到一些不可控的主觀內因影響，大多數人針對具體的事情，提出一兩句自己的評價，是非對錯便不是特別重要。但如果這類思維模式，同時擴散傳播到更廣泛的人群中，並開始影響大多數人的行為和話語時，那就說明，我們的社會出現了很大的潛在隱患。

老陳是從業二十多年的老司機，二〇一一年九月五日十二點左右，在自家社區附近招攬客人時，看到十字路口有一個十來歲的小男孩摔倒在地上，自行車已經被碾壓的不成樣子，男孩陷入了昏迷。馬路上人來人往，不時有年輕人拿著手機對著現場拍照，也有人從旁邊經過指指點點，小聲議論。但是五分鐘、十分鐘過去了，卻沒有人叫救護車，將小男孩送醫院。老陳在路邊停好車，走了過去，在眾目睽睽下將小男孩抱上了車，並送去了醫院。

老陳原本是助人為樂，見義勇為。但是在他抱起男孩，準備送醫的短短幾分鐘內，現場彙聚了大量的人，出現了一場非常激烈的譴責大會。

「你們看到了嗎？他肯定是肇事司機，看到我們拍照保留證據了，所以做賊心虛，才來救人的。」

「嗯，你說的沒錯，我都看到他的車在那邊停半天了。」

「你們快看這煞車痕，和他的車型號一模一樣。」

老陳沒有在意別人的議論，帶著小男孩到就近的醫院診治，想辦法聯繫孩子的父母，並且打電話報警。員警和家長趕到醫院時，小男孩因為及時救治，已經醒了過來，並且配合員警，提供了非常準確的證據，是一輛紅色的敞篷跑車撞了他，開車的是個年輕的女性。

家長對老陳萬分感謝，然而就在這時候，男孩的姊姊卻在社群網站上看到，有相關熱搜資訊稱老陳是肇事者，撞了人之後，由於群眾舉報，所以不得不返回現場救人。社群網站上的言論，讓老陳被眾多網友大罵，甚至還有人搜出老陳所在的計程車公司的粉絲專頁，留言攻擊。

本來是一齣見義勇為皆大歡喜的好事，最後卻不得不由員警出面，要求刪除不正確的言論，但是這件事，已在老陳的心裡留下了很深的陰影，對現在的年輕人報以深深的擔憂。

「難道現在已經沒有人願意相信世界上真的有好人的存在了嗎？」

「這些年輕人的思想啊，唉。」

老陳落寞嘆息的背後，是對整個社會話語環境下的一種擔憂。網路時代，人們汲取資訊的管道多以朋友圈、社群等時效性快，閱讀方便的手段獲得。但這些資訊的來源在快捷方便的同時，也存在很大的真實性風險，包括那些被過度炒熱的話題：好心扶摔倒老人卻遭反咬是兇手要求賠償的事件，一開始這只是社會中的個例，但在網路上迅速傳播後，「死老頭、老太太都撞死算了，都不是好人」這類的偏激性輿論評論一時占據了主流。

而讓人啼笑皆非的是，索賠事件的傳播，竟也給很多同好帶去了新的賺錢方式，各地接二連三出現故意躺在車前，惡意索賠的行為。偏激輿論和惡意事件不斷的惡性循環，成為神邏輯大潮下一大新銳因數。

對一件事的評判，很多時候，自我價值觀念的取決多於結合證據的客觀考量。由於人們的思考方式大同小異，人與人的觀念也有異同之處，所以當一種觀念不斷的獲得認可後，人們很容易將這種理念作為評判社會萬象的典型代表。正是由於觀念的主觀性和人的群體性的不均衡不客觀，從而導致了十六歲到三十五歲這一類人群中的是非判斷標準的差異。

那麼這種差異是怎麼形成的呢？接下來我們做一個簡單的推理實驗。

事件1：小王幫助了一位老人，結果被誣陷索賠。

事件2：小王被索賠事件成了焦點新聞，傳播到大眾的閱讀資訊中。

事件3：接收到小王被索賠事件的受眾，形成了——「好心沒好報，陌生人尤其是老人都是貪婪不辨是非的壞人」這樣的感性認識，並且在不夠充分的規律和客觀依據下，大腦認知中將這一感性認知，不斷轉化為價值觀中的一個新觀念。

從事件1到事件3，事情的轉變是根據因果關係層層遞進的。當大部分接收到事件1的人，形成了3種的價值觀後。當他們再次遇到類似的事情後，他們的潛意識中，便會第一時間形成這樣一個前提「不要多管閒事，躺在地上的說不定又是想要勒索錢財的。」

我們把「不要多管閒事，躺在地上的說不定又是想要勒索錢財的」這個作為前提1。那麼透過前提1，還能繼續聯想到哪些相關前提呢？

前提2：看到新聞的不只我一個，大家應該都能識破這個騙局。

接下來，我們看看事情的進一步發展。在現場大多數人的思維中前提1和前提2都準備就位，這時，突然出現一個人，他有別於所有看著思考不動的人，上前幫助了躺在地上的這個人。

新的**事件**4產生：有人救了躺在地上的人。

這個時候，對於事件4的評價，即結論1——「他肯定是肇事者，不然他幹嘛救人」這一受眾廣泛的論調就傳播開來，並且受到大部分人的認同。

到這裡，就剩下最後一個關鍵的推力環節。即從前提1、2到結論1是如何推理下來的。這就需要大家情境代入一下，讓自己走進情境中。同時腦海中切記：**邏輯學所採用的前提必然原則，其前提，並不是全都絕對正確的，也有謬誤、偷換概念等問題**。這時大家很容易就會發現，在得到結論1的推理過程中，其實存在著偷換概念、謬誤。

回顧上面的整個事件，假設A同學在潛意識中存在前提1和2的情況下，看到了事件4的發生，這個時候，A同學的下一步思考，都是以1和2兩個必然前提為依據，在這個必然前提下，A同學能夠產生以下幾個假設，並且在必然前提的指導下，潛意識中會第一時間將這些假設當作正確的資訊來處理。

假設1：真的出事了。

假設2：肯定不會有人好心去幫忙。

透過這兩個假設，相當於將有人會真的不求回報的做善事，這件事的所有情況都堵死了，這種推理下，那麼真相就只有一個了——既然他不是好心救人，那肯定是他造成了這起事故。

神邏輯謬誤

錯誤歸因（因果謬誤）

從兩個事物可能存在的相關性，就輕率斷定這一個事物是造成另一個事物的原因。

你看到了兩個事物同時存在，就覺得其中一個事物是另一個的起因。你的錯誤在於，同時存在的兩個事物未必有因果關係，可能這兩個事物有共同的起因，或者兩個事物根本沒有因果關係，它們直接的共存只是巧合。一個事情比另一個事情先發生，同樣不能說明兩個事物肯定存在因果性。

例子：小紅指出，過去幾個世紀全球海盜數量減少，全球溫度在升高，從而得出是海盜數量的減少，造成了氣候變化，海盜能夠降低全球溫度。

神邏輯經典對話

如果跟你無關，你為什麼要幫？

周宇開車經過〇〇路時，發現一個老太太躺在地上，立刻停車將她扶起來，詢問狀況。

一旁的人群：「哎呀，這年頭還有人敢上去扶，真是不怕人誤會。」

周宇將老太太扶到一旁的椅子上坐好，又聯繫了老太太的家人，正準備驅車離開，卻被之前圍觀的Ａ一手抓住不讓他走。

周宇：「你這是做什麼？」

圍觀Ａ：「你不能跑啊。」

周宇：「我沒做什麼吧？我就扶了一下這個老太太，幫她聯繫了一下家人。你現在拉著我，不讓我走，沒這個道理吧？」

圍觀Ａ：「人不是你撞的？不是你撞的，你扶什麼扶？肯定就是你，別想走！」

周宇一臉無奈。

小張和哥們兒一起看世界盃，一個球差點就進了。

哥們兒懊悔的乾掉了一大杯啤酒，惋惜說：「如果這個球沒有射歪就進了！真是可惜。」

小張：「沒有射歪就一定能進嗎？」

哥們兒：「這是一定的啊！射歪了才沒有進，不是嗎？」

小張一臉疑惑。

小張遇到高中同學，他恰好來公司推銷信用卡。小張熱情的接待他。

同學：「小張，你現在的工作好好呀！坐在辦公室裡夠氣派，不像我，天天跑業務，嘴巴都說破了也不見得能說動別人。」

小張：「各有各的好，各有各的難。」

同學：「是啊！要不是我沒有認真讀書，我早就上頂大了，也不至於要跑來推銷信用卡。」

小張：「認真讀書就一定能考上頂大嗎？」

同學：「付出了就一定會有收穫，認真了肯定就能考上，不是嗎？」

這是第幾次聽到這種類似的話了？

小張部門來了一個新同事，胖胖的，看上去有點可愛。因為沒有男朋友，所以經常被大家開玩笑。

同事：「小胖啊！妳怎麼還不減肥？白長了那麼好看的一張臉了。」

小胖：「哎呀，減不下來，嘗試了很多次呢！反正我也沒有男朋友，要那麼好看幹嘛！現在就挺好的。」

同事：「都是藉口，妳看看人家小李，以前也那麼胖，後來減肥成功就找到男朋友了。」

小胖：「是啊！如果不是這麼胖，我早就脫單了。」

小張：「減肥成功就一定能脫單嗎？」

小胖：「對啊！難道不是嗎？」

小張：「是嗎？真的是這樣的因果關係？」

宿舍新來的室友不怎麼受人喜歡，小張是唯一一個主動的人。因為這樣，小張被其他三個人排擠。

室友B：「別看小張平時人挺單純的，實際上跟他爸一個樣，知道為什麼他跟新來的那麼要好嗎？」

室友C：「知道啊！他們是同鄉嘛！」

室友B：「屁嘞，那是因為新來的他爸是當官的，自古官商勾結，你們都懂的。如果我爸是當官的，小張現在就跟著我的屁股後面轉了。」

朋友買了一隻布偶，沒事就晒貓，一個朋友看了之後，在群組裡問她。

朋友：「媛媛，妳養貓了啊？」

媛媛：「是啊！我過生日，我媽媽送我的生日禮物，可愛吧？」

朋友：「可愛是可愛，但是我聽說養貓會散財的。」

媛媛：「不會吧？我看到好多人都養貓啊，某某人還養了好幾隻呢！時尚界傳奇卡爾拉格斐（Karl Lagerfeld）也養貓，這個不準吧？」

朋友：「如果養貓就能變成首富，大家不都去養貓了？」

媛媛：「……沒有，剛剛不是說另一個問題嗎？」

朋友：「如果不是因為有錢才能養貓，妳會養貓嗎？」

媛媛：「……。」

朋友：「不就是為了給人一種妳很有錢的錯覺嗎？」

第二章

開口閉口都是萬能的「某人說」

01 「別人」最厲害，永遠是對的

諸如現在流行的朋友圈，朋友圈上說的很多事情，都被一部分人當作教條。比如朋友圈上說晚上喝檸檬水可以減肥，保證會有很多人跟風行動。

還有萬能的「別人」，這個一直存在於傳說中的代名詞，經常成為家長、朋友們聊天或者說服對方的時候，屢試不爽的工具，「別人說喝某牌子的奶粉，小孩以後特別聰明。」

人的社會性，決定了人對於具有社會光環的人說出來的話，下意識的會選擇信服和崇拜。於是就有了將單獨個體發出的帶有濃鬱主觀色彩的言論，當作被歷史認可的理論依據來信奉。

往大的範圍說，歷史上的啟蒙運動、文藝復興以及很多文化界的革命都屬於這一範疇；往小的範圍說，當下一些粉絲對小鮮肉、娛樂明星的瘋狂追崇，也相當典型。這種個人崇拜，在網路上更是能夠找到很多具體的對話語境：

老師：「你這道題目為什麼這麼寫啊？」

小明：「補習班老師教的。」

老師：「今天的班會改為自習。」
小明：「校長說了，導師不能隨便更改安排好的課表。」
媽媽：「不好好學習，追星沒有什麼好處。」
小明：「著名◯◯◯說過，有偶像的人目標才會遠大，我就是要追星！」
朋友：「我覺得比起B，還是A更好看。」
小明：「我姊說了，B更好看。」
朋友：「你姊誰啊？」
小明：「我姊說的都對！」
網友：「每天早上一杯木瓜汁，真的可以豐胸哦。」
小明：「專家說了，這都是假的。」

除了這些經常遇到的對話，還有很多更加具體的案例。

三表哥是軍人世家，娶的老婆也是門當戶對的官家千金。兩人婚後生活幸福，但是兒子小鈞出生後，三表哥發現了越來越多讓他煩心的事。

小鈞的外公是著名的抗日元老，曾經多次受到過中央高層人員的關心和探望。小鈞從懂事開始就特別崇拜自己的外公，外公說東，他從不往西，外公說是錯的，小鈞絕不會覺得是對的。小鈞上高二時，迷上了畫畫，想報考藝術學院。小鈞的想法得到了外公的支持。

但是小鈞的班導特地找小鈞的父母，給他們詳細的分析了小鈞的各項功課以及他的畫畫水準，從綜合的角度提出小鈞的繪畫才能不夠有天賦，如果報藝術學院，只會影響他的聯考成績，因為小鈞現在的各項成績都很穩定，只要肯努力，大學的前景很好。

小鈞的父母決定聽從班導的建議，不同意小鈞去學畫畫。但是小鈞卻搬出了外公來抵抗他的父母。在小鈞看來，自己喜歡畫畫這件事，是被外公支持的，外公也說自己畫的好，那就是好。

因為這件事，小鈞和父母大吵了一架，並且稱班導說的都是錯的，外公說的才是對的。而一向溺愛外孫的老人，又偏幫著小鈞，這令小鈞的父母頭疼不已。

我們這一節探討的神邏輯：「他也這樣說，所以這是對的」——這一理念的根本面目正是將個人崇拜無限放大，成為一種強有力的根植於人們第一感官中的必然前提，進而在不斷的以此前提為藉口，去實現自己的各種目的。

朋友所在的分局，分配進來了一批新人，其中有一個叫楊毅的警員，在最近的辦案過程中的一系列舉動讓朋友感觸頗多。

楊毅來警隊的第二週，便碰到了一件重大案件。他和小組的其他成員埋頭苦幹，終於在一週後掌握到了一條重要的線索。但是在如何使用這條線索的問題上，楊毅和其他組員發生了很大的分歧。

楊毅堅持的A方案，是他在接受培訓時，他特別崇拜的學長一貫堅持使用的，穩紮穩打，縝密不出錯，但耗時比較長。

學長的這個時間戰的方案，在九〇年代時因為資訊採集慢，所以互相配合起來更適合。但是現在看來，卻有些和時代脫軌。

由於楊毅和組員之間各持己見，導致尋找嫌犯的時間被拖延，從而造成了不可避免的損失。

而在後來的進展中，楊毅所信奉的學長的方案，果然被淘汰，宣告不再具有指導意義，這件事對楊毅的打擊非常大，他不願意相信這件事，並且一直堅稱肯定是哪裡搞錯了，學長的方法一定管用。

「楊毅在各方面都非常優秀，就是對學長過於崇拜。雖然學長已經退休好幾年了，但是像楊毅這樣，崇拜學長，進而固守學長留下的辦事風格的警員，還大有人在。這種現象很讓人憂心啊。」

朋友的話，無奈中流露出一絲失望。

具有重大貢獻或傑出思想的人，我們對其產生崇拜的感情，這無可厚非。但是作為獨立的個體，我們應該區分開這種精神崇拜和現實生活之間的關係，不能因為過度的崇拜而影響我們對事物的判斷。

只是，就我們日常生活中所看到的一些現象而言，缺乏理智的盲目崇拜，這類人數量還不少。

他們的人生目標裡，有一個或多個崇拜的人，在相關領域裡，他們只相信這個人所提出的觀點和理念，即在他們的價值觀裡，自己所崇拜的人不管說什麼都是對的。從心理學的角度來說，即為崇拜心理現象。

青少年喜歡追星，遠古先民信奉天上神仙，都是同樣的道理。只不過每個人崇拜的程度不同，有的適可而止，冷靜客觀，純粹的興趣愛好；有的人則瘋狂的癡迷，陷入盲目和狂熱的迷途之中。

崇拜心理每個人都有，它是人類自我意識的產物，是社會發展和人的思維力、想像力、表現力等發展的必然。崇拜心理作為人類的一種精神支柱，是對現實的一種彌補，在一定意義上說，是人類心理的一個組成部分。

不同的崇拜心理是在不同的歷史時期和社會環境中產生的。

對於小鈞和楊毅，要糾正他們過分崇拜的錯誤邏輯，則需要用具體事物、具體分析的方法來看待。從個體入手，然後發現事物的規律，從而探索整體邏輯的存在和由來。

小鈞的外公和學長，都是曾經在自己的崗位上做出過傑出貢獻，受到人們一致肯定，並具有一定偶像光環的人。這樣的人，很容易被後來者當作特殊案例，不斷的放大他們的光環。

在小鈞和楊毅的潛意識中，對待外公和學長，都最先形成了一個重要的必然前提：外公（學長）最厲害，他們說的都是對的。

在崇拜心理的背後，還有個人欲望的掌控。被放大和重新利用的崇拜心理，在遇到邏輯話語後，成為了一個完美的藉口。

「小明，你能幫我做一下今天的數學考卷嗎？」

「我姊不允許我做這種事，不然她會打我的。」

「小明，你能幫我去買點東西嗎？」

「我姊說在學校不能去福利社，不然她會打我的。」

「你能、你可以、能幫我、麻煩你……」當遇到那些不想做的委託時，正是我們討論的這一神邏輯可以出馬的時候，「我姊說、專家說、我媽說、老師說、網友說……」總之，**用任何其他人的某種你深信不疑的說法來拒絕別人，說不定是一個很好的方法**。

不過反之，如果這種邏輯，掌握在不學無術或者心理價值觀偏激的人手裡，那麼就危險了。你覺得呢？

神邏輯謬誤

謬誤論證

由於某論述裡面有謬誤，就認為別人的觀點一定是錯誤的。

很多時候，辯論的贏家獲勝並不是因為觀點正確，而是因為辯論技巧更好。身為一個理性的人，你不能因為別人的論述中存在謬誤或者錯誤，就認為別人的觀點一定是錯誤的。

例子：一個提倡健康飲食的人，在電視上發表了很荒唐的飲食理論，來推廣健康飲食理念，小紅看了之後覺得健康飲食就是騙人的，於是開始每天暴飲暴食。

神邏輯經典對話

我叫你們滾，你們滾了嗎？

由於推廣計畫沒有及時實施，所以導致產品滯銷，整體業績下滑。老闆召開緊急會議，一群人惶恐不安的被召集在會議室裡。

老闆劈頭蓋臉的罵了過來：「早就要你們做好充足的準備再推廣出去，現在別人站在我們的基礎上推出了更新的產品，搶占了市場，你們這群笨驢，非得我鞭撻才會動是不是？公司請你們來是做什麼的？」

我：「推廣計畫是有的，只是沒有實施。當時您說要以快制勝，先推出產品，再……。」

老闆：「那你們制勝了嗎？」

我：「……。」

這，道理，好像有點說不過去啊？

新的企劃書沒有得到其他部門的認可，主管氣急敗壞的找我們開會。

主管：「我都說了幾遍了，要創新、要創新！如果按照以前的方案來，我還請你們這些人做什麼？這種小案子還要問我，還要我手把手的教，吃飯要不要我餵？拿回去重新做，別再讓我看到這個案子！」

我們立刻點頭認錯，拿回去重寫。

第二天還是沒過。

主管：「你們翅膀真的是硬了啊！這東西能這樣做嗎？你們把公司當成了什麼？你們的試驗品嗎？這麼重要的企劃案你們都不跟我溝通，就這樣寫了？你們是主管還是我是主管？」

我們：「可是您之前說要我們……。」

主管：「那我叫你們滾，你們滾了嗎？」

公司最近有一個很重要的產品要上線，整整半個月，常召集各部門的人一起開會。這一次輪到我們產品部跟行銷部對接。一個同事對行銷部的決策產生了質疑。

同事：「我覺得這個方案有些問題，還需要再溝通一下，看起來是挺好的，但總覺得……。」

行銷部同事：「你們又不是做行銷的，哪裡知道我們的難處？你們如果把產品做好點，這會都不用開了。你們對這個方案不滿意，你們自己來做行銷方案啊！你們做了嗎？沒有做就不要亂出主意。」

我們：「……。」

行銷部同事：「既然你們沒有問題了，那就這樣決定。」

我們：「可是……我們開會不是就是要討論問題的嗎？」

行銷部同事：「那你們找到問題了嗎？」

所以我們又陷入了無窮迴圈嗎？

一個同事最近報名一個英語補習班，我們蠻驚訝的，因為同事記憶不好，對英文也沒有什麼興趣，加上用英文的地方也不多，實在想不通為什麼他會去報這種班。

半個月後，同事問：「老師，不是說輕鬆學英語，十五天看美劇不用愁嗎？我都上兩個月了，我看美劇還是聽不懂。」

老師：「你學得一點都不輕鬆，當然就聽不懂了，再說了，你看電視劇難道不看字幕嗎？中文你都要看字幕，更何況外語呢？是不是？」

就是把你當自己人，才……

樂樂前夫出軌，樂樂果斷選擇了離婚，結果前夫拿著樂樂的錢和小三花天酒地，樂樂在打官司時要求退還這筆錢，因為是婚姻內的共同財產。

前婆婆：「如果不是我兒子，妳能有今天嗎？」

樂樂：「對，所以我選擇離婚。」

前婆婆：「妳這個狠心的女人，妳到我們家那麼多年，我們虧待過妳吃的、穿的、用的嗎？妳現在來跟我們要錢，妳還要不要臉呢？」

樂樂：「沒虧待我，是因為家裡都是我在賺錢。」

前婆婆：「妳就是眼裡只有錢，我兒子才出軌的。我兒子花妳的錢是把妳當自己人，妳看他花過○○（小三）的錢嗎？他不過就是玩玩而已，妳倒認真起來了？古代的時候三妻四妾，妳這種都要被休的，一點婦德都沒有，老公出軌，妳活該。」

樂樂冷笑。

小王在公司是個新人，剛到職時坐在他旁邊的小李就主動跟他聊天，兩個人你來我往，建立了不錯的友誼，但是日子久了，小王就發現小李有一個很奇怪的毛病，就是喜歡占人便宜。

小王的爸爸送他一支新鋼筆，沒有用過，放在桌子上。小李看到了，就直接拿了過來。

小李：「小王，這筆不錯呀！得幾千元吧？你爸爸真捨得，沒想到你是個富二代啊！」

小王：「我不是富二代呀！我們家小康家庭，我爸也是覺得工作了得用點好的才買給我的，當是慶賀我進入社會工作的禮物。」

小李：「你之前那支不是還是新的嘛！不如把這支送給我吧！」

小王：「不好吧！」

小李：「沒關係，我們這麼熟，我不會嫌棄你這個是轉送的，你也別小家子氣，回頭我也送你一個其他的。」

說著，就拿去用了。

02 你成功了，放屁都有理，失敗了，再有理也是屁

小時候，記憶猶新最委屈的一件事，就是班長抄了我的作文，結果老師卻認為是我抄了班長的作文，不僅狠狠的罵了我一頓，還罰我站了半小時，隔天又把爸媽叫來，指責我小小年紀，品德不好。

我委屈的大喊大叫，可是連爸媽在內都不相信我。他們說的最多的一句話就是，「不要說了，自己不好好學，還抄別人的作業，打你！」「不是我們不相信你，但是你看看你平時的成績，要我們怎麼相信你能寫出這樣的作文！」

那個時候真是傷透了心，甚至有很長一段時間，恨透了作文。為了抵抗老師和父母的誤解，我記得好像有三、四個學期的期末考試，我都故意空著作文那道大題，就為了向他們抗議。後來長大了，雖然成績還是沒辦法幫自己洗脫冤屈，但力氣卻大了不少，終於有一回偷偷攔住了那個時候結下梁子的班長，狠狠的打了他一頓，這才漸漸放下了這件事。如今回想起來，感觸頗多。

每個人從生下來的一張白紙，到塗塗抹抹。都終會找到一條獨特的只屬於自己

的路，並且不斷挖掘出自己特有的潛能。這種潛能，在上學的時候，被成績單所掩蓋，我猜和我一樣曾經被這樣誤會過的人肯定不在少數。

很多時候，家長和老師，過分用成績單來當作綜合衡量一個人的標準，其實一點都不合情也不合理。

今天講到「要推翻某人的話，你得先超過他」這一邏輯後，更是不由感慨，當下各種可見的，比較人與人之間高低的準則，很多時候遮掩了很多客觀的真相。如果每有一個人被這一邏輯思維冤枉後，便可以下一場鵝毛大雪的話，我們現在應該日日都處於冰川時代吧。

除了學生時代的各種比較，在職場上也很常見這種事。有很多高中時的女同學，大學都去讀了護理系。其中還和我有聯繫的，是一個高中時偷偷喜歡過的女孩，叫劉芳。最近一次約她出來吃飯時，她跟我抱怨了剛進醫院工作時經歷的事。

劉芳畢業後順利考進醫院當護理師。護理師的工作任務非常沉重，總有忙不完的繁瑣事，這些事挑出來看枯燥又無趣，但每一個卻又都和病人的生命安全息息相關。劉芳到職後，分配帶她的是一個有多年從業經驗的老護理師李姊。

李姊人熱心，傳授很多實用的經驗給劉芳，讓她能夠迅速掌握護士工作的訣竅，並在第一年的年終評選中，被評了優秀。但就在劉芳充滿幹勁，準備為更多的病人提供更好的服務時，卻發生了一件讓她開始對自己的工作產生懷疑的事。

劉芳有一個學姊比她早一年來醫院工作，並且已經迅速升為護理師長。年後回來，劉芳和學姊在醫院偶然碰到，兩人聊天時，不經意間談起了護理師在幫重症患者護理時應該注意的事情，結果劉芳說的其中一個做法，引起了學姊的強烈指責。

「這是錯的。」

「這麼嚴重的操作失誤，妳竟然到現在都沒發現？這是誰教妳的？」

劉芳告訴學姊，帶自己的是有多年經驗的李姊，並且堅信李姊沒有說錯。兩人不歡而散，劉芳甚至還說出，學姊如果堅持說李姊是錯誤的，那就先超過她再說，這類的話。

原本這件事情過去後，劉芳還為自己的堅持開心不已。不料，幾週後的一次院長視察中，劉芳按照李姊教的操作步驟幫一位重症監護的患者，結果被院長狠狠的罵了一頓，並指出這是錯誤的。

這件事，讓劉芳一度對整個護理師工作的方法產生了質疑。她不能接受李姊教自己的是錯誤的，甚至不只一次懷疑是院長錯了，認為院長空有理論卻無實踐，是瞎指揮。直到後來李姊意識到劉芳情緒，主動和她談過後，才解開了劉芳的心結。

「那件事之後，我才明白，**人無完人**，**就算是工作幾十年的人**，**也肯定還有不足之處**。」劉芳現在說起那些事，早已沒有了當時的執拗，反而很感激經歷了這樣一件事。不過她隨後又提到另一件事，是她在美國的哥哥的八歲兒子傑克的事。

劉芳的哥哥在美國做投資，很有錢，土豪的那種。再加上中國人養孩子的觀念，所以從傑克有記憶開始，就儼然是校園裡的小霸王，因為家裡有錢，頭腦又聰明，所以受到學校裡所有小孩的追捧，只有凱莉例外。越是得不到的，越是好的。不管是小孩還是大人，都脫離不了這一欲望的魔咒。

傑克從見到凱莉第一眼時，就想和凱莉做好朋友，和她一起玩。但凱莉卻更喜歡和喬治在一起玩。前不久，喬治突然轉學了。傑克心裡說有多高興就有多高興，他先是拿自己的零用錢買了新衣服和小禮物，然後還在一個陽光明媚的午後，向凱莉提出邀請。當他說出想要邀請凱莉當自己畢業舞會的舞伴時，卻被凱莉拒絕了。

「喬治說我們不應該參加畢業舞會，因為那是無聊的陶瓷娃娃才會做的事。」

「喬治已經走了。」

「但他說的話永遠都是對的。」

因為凱莉的話，傑克對喬治一百個不喜歡，甚至也萌生出了想要去揍這臭小子一頓的想法。

其實比起初戀受挫的傑克，我更擔心那個對喬治的話奉為聖旨的凱莉，在她們這個年紀，正是接觸各種觀念，形成自我價值觀的時候。現在凱莉就對喬治過度崇拜和信奉，這種觀念一旦伴隨她成長，便會根深蒂固，很可能影響她一生的發展。

說到這裡，還是忍不住放上兩段「小明」的經典對話，既精闢又能舒緩心情。

小明：「老師，這道題目有問題。」
老師：「我是老師還是你是老師？你什麼都會還來上什麼學啊。」
小明：「……可是這題目真的有問題。」

小明：「我覺得孔子說的這個觀點不對。」
媽媽：「人家是至聖先師，你這個小屁孩懂什麼。」

小明：「陳總這回的策劃案不太好，我覺得劉組長提出來的那個更好。」
同事：「你以為你是老闆啊，陳總的肯定比組長的好。」

人的崇拜心理，除了是對客觀事物認知後的崇拜外，還包括透過自身直接的感官接觸後所引起的遐想。拜金主義也可歸類在其中。「錢不是萬能的，但是沒有錢卻萬萬不能」也是這一邏輯的重要分支。錢，在具體邏輯話語中，代替了某個具體的英雄，卻一樣具有不可磨滅的光環，甚至對其狂熱追捧的人不計其數。

在具體的客觀事件中，人的思考和行為，第一時間大都受潛意識的支配更多，所以做出的決定往往無法以絕對的對錯來劃分。尤其是人在恐懼、想要達成某種目的、對事件了解不夠清楚的狀況下，崇拜的心理，選擇相信強者的理論行為，就會表現的更加明顯。

崇拜心理的產生、人對崇拜心理的需求，是必然和客觀存在的。但，崇拜心理很容易被過度揮霍，轉變為對事件或人的盲目推崇。

神邏輯謬誤

滑坡謬誤

使用一連串的因果推論，並誇大了每個環節的因果強度，從而得到不合理的結論。

不討論現下的事物A，而是把討論重心轉移到了臆想出來的極端事物Z。因為無法提出任何證據來證明，A的發生一定會造成極端事物Z的發生，所以這是一種訴諸恐懼的謬誤，也影響了人們討論A時的客觀性。

例子：小紅反對同性婚姻，因為她認為如果我們允許同性結婚，那麼就會有人想要和桌子、椅子結婚。

神邏輯經典對話

為什麼他不欺負別人，就只欺負你？

小明在上課時被罰站，和他一起罰站的還有同學小黃。回到家後，小明還沒有開口說這件事，媽媽就罵他：「都跟你說過好多次了，不要蹺課，你倒好，不但蹺課還跟別人打架！」

小明委屈的反駁：「我沒有打架，是小黃打我。」

小明媽媽：「全班那麼多人，他不打別人，就只打你？一定是你先招惹了他……。」

實際上，小明真的沒有招惹過小黃。無辜的小明怎麼也不明白，自己才是受害者，卻不由分說的變成了大家口中的壞學生。

小麗的課桌裡被塞進了一隻大蛤蟆，嚇得她尖叫出聲。在講課的老師怒氣衝衝的將她叫到辦公室：「我跟妳說過多少次，不要理小明，妳看看妳，他怎麼不往別人的課桌裡放癩蛤蟆？肯定是妳又跟他打鬧了。」

小麗：「老師，我沒有。」

老師：「怎麼沒有？如果沒有，妳的成績怎麼退步了？」

崔爸爸發現小崔最近很內向，不像以前愛笑了，幾番追問之下才得知他被一群學校的小混混糾纏，索取保護費還拳打腳踢。崔爸爸氣得立刻去學校理論。

教務主任：「崔爸爸，不是我說，小崔他個性本來就內向，這件事也沒告訴我們，我們怎麼管呀？而且學校幾千人，為什麼那些小混混不找別人，就專找小崔。這件事你們家小崔也不對，依我看……。」

崔爸爸氣得幫小崔轉學。

小麗被同學追求。同學不僅帶著一群小夥伴起哄，還每天堵在她回家的路上，讓她非常苦惱。於是她鼓起勇氣，把同學寫給自己的情書交給老師。

老師：「學校裡不准談戀愛，你們知道嗎？」

小麗：「老師，我沒有談戀愛，是他糾纏我。」

老師：「妳是沒有談戀愛，但如果妳認真學習的話，他會糾纏妳？」

小麗心想，難道她成績不好就等於沒有認真學習？況且，他纏著自己根本不是因為她沒有認真學習，而是因為她長得漂亮。

夏利被同寢的室友捉弄，整個被子都溼了，夏利委屈的哭了好久，幾次下來，終於忍不住告到了老師那裡。

老師：「妳說被子是小花弄溼的，妳有什麼證據嗎？小花一直是我們學校的優等生，她的爸爸是某某局長，媽媽是位鋼琴家，她怎麼可能做出這樣的事？」

夏利沒有證據，只好作罷。

後來夏利在寢室安裝了一臺攝影機，拍到了小花往自己床上丟泥土的視訊。夏利拿給老師。

老師：「妳就知道把聰明用在這些上面，如果妳把它們放到學習上，妳還會跟現在一樣嗎？小花她為什麼不放別人的床，就放妳的？妳想過沒有？妳這樣做，肯定是妳自己有問題。」

夏利默默的換了一個寢室，後來再也沒有找過老師。

03 所有的口誤，都是潛意識的真情流露

我在社會心理學中，注意到這樣一個名詞：社會刻板印象。

社會刻板印象，是指人們對社會群體形成的一種概括而固定的看法。如商人就是唯利是圖的、娛樂圈就是亂七八糟的。

我們相信一部分人說的是真理，不去辨別真假的思維定式，和社會心理學中提到的對人的刻板印象大同小異。其本質都是由於接受資訊者對接收到的資訊，單純的根據人的名氣、分類來定義，而非從資訊本身出發。

從提出理論的人的生平、權威性來界定其理論，是判斷標準之一。除此之外，還應該透過實踐和不斷嘗試，從本質實驗一個理論的對錯。當我們只顧其中一點，就會很容易陷入神邏輯的思維定式之中。在這舉某件網路上討論度較高的事為例：

九月時，某明星爆出婚變，拿出了其為圈外人的老公的大量出軌資料。對於這場婚變，各方媒體在網路上展開了激烈的討論，同時還不斷的拋出各種獨家消息。

有的媒體認為是該明星先有出軌跡象，只不過是先下手為強，想要占據有利的地位。不過因為該明星手上的證據頗多，大部分主流媒體更加相信其老公出軌的事

情，並且為了獲得第一手的新聞，先後派出了很多報導團隊，在該明星名下的幾處房產周圍都派了人蹲守調查，最後如願拍到其老公和一個長相清秀的女人在一起的影片，更加坐實了男方出軌在先的猜疑。

之後，網路上的風向統一變為同情該明星，並對破壞他人家庭的第三者，和不遵守婚姻道德的丈夫進行譴責。然而有一、兩個在該明星身邊工作的工作人員，偶然得知真相，原來出軌的是該明星，而被拍到的那個第三者，其實是男方的堂妹。但是，當他們試圖向身邊的朋友解釋事情真相時，卻被指責是捕風捉影，對明星嫉妒，甚至還有人懷疑是因為他們心中怨恨該明星不提拔他們，所以才藉著所謂在該明星身邊工作的藉口，蓄意造謠生事。

而他們提供的證據，更是被網友大罵虛偽，是丈夫花錢買的水軍（按：灌水的人，通常受僱於網路公關公司，為他人在網路上發帖回帖造勢的人員）。

還有一部分人甚至不再執著於事情的真相，反而滋事挑釁「我家○○就是出軌了怎樣，你有本事你也出軌啊」、「說我家偶像出軌，你以為自己是誰啊，等你比我家偶像厲害了，再來胡說八道、亂說話吧」諸如此類讓人啼笑皆非的叫罵。

吃瓜群眾和朝陽群眾（按：來自中國北京市朝陽區線人的代稱，因曾多次成功舉報名人吸毒和嫖娼行為而知名）、海澱網友（按：存在海澱區的神祕組織。他們隱藏在電腦手機螢幕之後，隨時隨地向警方提供各類線索，辦案員警卻很少見過他們的盧山真面目）等，作為性質大同小異的團體。尤其在明星事件上，經常可以對輿論的走向產生舉足輕重的影響。在吃瓜群眾的花式評論中，潛藏的神邏輯也各式各樣，最為廣泛的便是，我們家偶像如何，你管得著嗎？你先超過他再說。

再說一個平凡人的故事。

同事的妹妹安娜今年剛上大學，身為一名大一新生，她對校園裡的一切都充滿了好奇。開學不久，學校舉辦了奧數競賽，安娜因為參加攝影社團外出採景的活動，沒有趕上奧數競賽的報名，非常遺憾。但她仍隨時關注著奧數競賽的進展，當考試試卷和優秀考卷被張貼出來之後，安娜發現其中一張試卷上有幾道沒有得到全分的題目，自己剛好會做，便忍不住小聲的說道，其實這道題可以這樣做。

不料，安娜的話正好被該考卷考生的室友聽到。她們覺得安娜是故意炫耀，不尊重考生的考試成果，竟然相約在安娜去餐廳吃飯的時候，故意將她撞倒在地，並且警告她，「飯可以多吃，話不能亂說，妳說〇〇做的不對，有本事妳去做啊。」

安娜萬萬沒想到，自己無心的一句話，竟然會招來這樣的禍事。這件事給她帶來了不小的壓力，甚至那個學期末的考試成績出現了嚴重的下滑。後來，安娜主動求助了學校的心理諮詢老師，才走出了這個陰影。

有時候我們不辨是非的維護自己相信的事情，說的話和做的事，也許自己以為沒什麼，甚至覺得正義凜然，卻很可能給別人帶來噩夢。

謹言慎行，是所有人都應該時刻謹記的人生信條。

「想說某某錯了，你先超過他」、「你又沒某某厲害，憑什麼說他不對」這些神邏輯，都是不夠客觀事實，衝動的打抱不平的表現。深究這種行為，很容易分析出，這類話語者，內心世界更加自卑，所以會對某些人和事瘋狂崇拜和維護。對於他們來說，崇拜某個人，能夠證明自己也優秀。這是一種不正確的對社會的認知和反應。

網友和考生室友的行為，都是對自我內心軟弱自卑後產生的映射。由於自我能力有限，所以在遇到諸如和自己看似有關，實際上並無太大關係又具有多種方面的可發言權時，便會不由自主的選擇支持喜歡或內心崇拜的一方，不問客觀事實，堅持自己的意見。並在發言的過程中，代入內心的部分所思所想，當他人的言論有動搖到自己支持的一方的可能時，其內心潛在的心理情緒會迅速達到邊緣狀態，第一時間內用一種看起來無法反駁的邏輯論調，為自己支持的一方做最後的爭辯。

佛洛伊德說過：「沒有口誤這回事，所有的口誤都是潛意識的真實流露，當你瞧不起一個人的時候，這種輕視一定能夠被感覺得到，那他（她）就會做出某些事情來自衛。」這也從心理學的角度，將「我不是故意的」、「說不定我就是隨口說說」這些藉口快速的否決掉了。

由此可見，神邏輯雖然在某些時候是我們辯論中有力的最後一擊。但同時卻也反映出我們內心世界的無力。比起熟練掌握這些掩飾無力的內心的神邏輯，逞一時的口舌之快，不如直接面對內心恐懼的，或者不願意面對的問題，只有真正打敗或解決問題，才是真正的勝利。

神邏輯謬誤

訴諸人身（因人廢言）

與人討論時針對對方的人格、動機、地位、階級或處境等，進行攻擊或評論，並以此當作論據，去駁斥對方的論證或去支持自己的論點。

人身攻擊時不一定是直接進行攻擊，也可能是透過背後捅刀子、暗示聽眾等方式來造成對對方人格的質疑。你試圖用你對別人人格的攻擊，來取代一個有力的論述。

例子：當小明提出了一個很合理的關於基礎設施建設的提議時，小紅說她不相信小明說的任何話，因為小明不愛國，不懂得感恩。

神邏輯經典對話

有本事你去做，沒本事就……

小明的父母經常吵架，小明爸爸告訴小明：「你千萬別跟你媽學，她腦子裡一堆歪理。」

小明媽媽知道了，也跟小明說：「你別聽你爸的，他就是沒本事，除了會說，什麼都不會。」

於是，兩人又吵起來了。

起因是小明爸爸公司的人事變動，原本小明爸爸升職的呼聲最高，結果最後卻變成了王某某升職。回家後，小明爸爸就嘮叨說，自己不只一次看到王某某送禮給主管，真是世風日下。

小明媽媽聽到了，罵他說：「人家送禮也是一種本事，你有本事你也去送啊。」

小明爸爸不服：「送禮怎麼能算是本事，他業務能力一塌糊塗，你的想法有問題。」

小明媽媽又說：「人家送禮升職了，這就是本事。你業務能力強，你升職了嗎？沒升職說明你還是沒有真本事！」

小明爸爸被小明媽媽說得啞口無言，但是心裡並不認同她的話。

小明在一旁聽得滿頭霧水。

劉芳暗戀學校籃球隊的一個男生蘇朗兩年，後來在室友的幫助下表白，蘇朗同意和劉芳在一起。一開始劉芳很開心，但是沒過多久，她就發現蘇朗有一個讓她很頭痛的習慣。比如：

劉芳：「你知道嗎，我室友參加奧數比賽獲得了一等獎，太厲害了。」

蘇朗：「有本事妳也去參加嘛，沒本事就別羨慕。」

一起去看電影時，劉芳說這部國外的大片特效就是比國內的好。

蘇朗就會說，「有本事妳出國啊，沒本事就別批評國產。」

還有一回兩人去吃飯，劉芳覺得有一個菜裡面的肉壞掉了，想叫老闆換。結果蘇朗竟然說，「有本事就別點，點了就吃完，不要找藉口。」

這種事情越來越多，慢慢的，劉芳開始懷疑，蘇朗是有口無心，只是表達方法不對，還是這些其實是他內心價值觀的真實表現？

劉磊大學畢業那一年，父母出現了嚴重的矛盾，甚至到了離婚的程度。等到劉磊匆匆趕回家後，親戚朋友對他父母的事各執一詞。

父親這邊的親戚都紛紛指責，根本原因都是劉磊的媽媽不夠好，如：

「說我大哥出軌，那是你媽沒本事，年老色衰，有本事她也出軌啊。」

「我叔叔出軌說明他成功，所以才有小女生喜歡。」

「妳沒本事留住男人，還不准人家去找別人。」

劉磊聽著這些指責自己母親的話，心裡非常難過。他找父親想問個清楚，沒想到父親竟然也說，「和你媽過了二十多年了，你看看你媽那個樣子，成天說這個說那個，她比得過哪個？」

最後，劉磊選擇站在母親這一邊，支持母親和父親離婚。因為他真的無法理解父親的價值觀和想法。難道一個人的能力比不過別人，就沒有資格評價一個人或一件事了嗎？

盧夢考上研究所後，覺得人生簡直圓滿了。她萬萬沒有想到，開學後，竟然是她噩夢的開端。

盧夢想和同學打好關係，一起複習，得到的回答是：「妳有比某某厲害嗎？沒有的話免談。」

盧夢有問題請教老師，老師的回答是：「這個課題是博士生才會做的，妳有博士生厲害嗎？沒有別瞎摻和。」

盧夢想要去考某個證書，再次被知道的朋友打擊：「這個證書要有社會經驗才行，妳打過工嗎？沒打過工，瞎胡鬧什麼？」

小小大學畢業後，想到北上廣（按：北京、上海、廣州）打拚，結果除了好閨蜜支持她外，親朋好友都不同意她的想法。

媽媽：「妳一個女孩，去什麼北上廣，妳有男孩子厲害嗎？妳有男孩子能吃苦嗎？都沒有吧，還是老老實實考個公務員就好。」

爸爸：「妳的成績一直都是中等，比不上那些頂大畢業的學生，北上廣是那些學霸玩的地方，聽話，回家吧。」

男朋友：「妳有〇〇厲害嗎？沒有就別去了。」

大姨：「妳表哥在北京都混不下去了，妳比得過你表哥？別想了。」

小小聽著這些好心的勸說，心裡啼笑皆非，她真的沒有想到，自己身邊的親人朋友竟然都是這種想法。

第三章

問問題的人，心裡早有答案

01 他只是一時情緒失控，平時對我很好

「妳說傑森每天幫我買早餐，是不是喜歡我？」

「不會吧，他昨天還送小莉玫瑰。」

「那肯定是他幫別人送給小莉的，他都說喜歡我了。」

愛情是生理活動和心理活動，自然屬性和社會性高度統一的產物。愛情體現著人深刻的社會性，構建了男女間最親密的社會關係，它透過固定的社會形式把人的自然屬性和社會屬性聯結在一起，給人帶來甜蜜、幸福、傷心、難過等種種特別的感受。

千百年來，對愛情的謳歌，遍及東方的神話傳說，西方創世紀的亞當和夏娃，可追溯到人的起源。既有偉人轟轟烈烈的愛情，也有平凡眾生的簡單扶持。

愛情降臨時，人會心潮澎湃，對未知生活充滿嚮往。自戀、自負的人，在面對自己喜歡的人時，因自我感覺過度良好，多會在愛情中，對兩人之間的地位，或某些事，產生非客觀理智的揣測和定義，認為對方認可自己的某些優勢，就是迷戀自己，對自己是真愛。

這種自我認知產生的錯覺，影響著一段關係中兩個人的愛情觀。當出現分手或爭吵時，大的客觀環境會讓這類人在突兀的情況下，才意識到自我認知的錯誤，這種認知在灌輸過程中的迅猛性，對當事人來說是非常痛苦的。因為這個過程中，其面臨的不僅是愛情的失敗，還有過往部分生活觀念的顛覆。

錯誤的愛情神邏輯，其最初的意識形態，是這一小節中，我們準備詳細舉例分析的：他都說喜歡我了，對別人好肯定是有其他原因的；他送小莉的花肯定是別人的，他喜歡的是我。

說起愛情的神邏輯案例，不用我說，隨便每個人都能把自己的某個經歷拿出來說一說。不過，我還是準備了一組生動的例子，讓大家身臨其境來體會一下，愛情世界中的神邏輯是什麼樣的。

朋友：「我看到妳男朋友和一個女的逛街。」

小麗：「不可能，妳肯定看錯了。」

朋友：「我有照片，妳看。」

小麗：「哦，這不是那個誰嘛，他表妹。他跟我說過。」

朋友：「真的嗎？可是上次那個御姊……。」

小麗：「那是他表姊。」

朋友：「他親戚真多。」

小麗：「哎呀，妳管那麼多幹嘛，又不是妳男朋友，總之我們很好，沒什麼事，我男朋友是愛我的。」

小麗：「妳說我和我男朋友，我倆誰愛誰多一點？」
閨蜜：「嗯……妳愛他？」
小麗：「真的嗎？在你們眼中，他對我不夠好嗎？」
閨蜜：「還好啦，其實是他愛妳多一點。」
小麗：「……妳的意思是我對我男朋友不夠好？」
閨蜜：「不是啊。」
小麗：「那妳是什麼意思？我們倆明明是彼此深愛著對方的。」

小麗：「親愛的，我們會在一起一輩子嗎？」
男朋友：「一定會啊。」
小麗：「你真的會一直愛我嗎？」
男朋友：「當然。」
小麗：「你會愛我多久？」
男朋友：「一直愛。」
小麗：「你一定不愛我！」

男朋友：「？」

小麗：「你要是愛我，你怎麼都不看著我，回我的每句話都那麼少，你肯定是在想別人！」

人們對客觀世界以及自我的認識，經過不斷研究和發展，已經能夠掌握愛情的深刻基礎是人的生物因素（性慾、血脈延續以及精神世界的契合）。

生物學，則透過染色體的結合情況，提出了荷爾蒙的概念。無論是雄性、雌性激素引導的性慾，還是荷爾蒙引導的情緒上的喜歡和迷戀，都值得我們用科學的手段對愛情進行解讀和認證。

男女確認關係的初期，最先是由荷爾蒙控制，精神情緒上的好感。互相對彼此滿意，想要進一步了解。到了情感的上升期，由於是純粹的感性認知來判斷，所以個體的是非價值觀全然不同，誤以為對方喜歡自己，或者誤以為對方討厭自己的情況十分常見。

從國內的社會形勢來看，大部分人都接受過系統化的義務教育。對於基礎層次的語言概念和推理概念，雖然談不上擅長，但潛意識裡能夠將其運用自如。

就愛情觀盲目的人來講，則具體表現在：遇到他人的否定或者委婉的建議時，為了維護自我認知的正確性，大腦會在第一時間產生出最淺顯，卻又具有一定爭辯能力的神邏輯。

接下來，我們刻意設定了幾個盲目愛情觀念下的語境，大家可以小測一下，將自己代入到角色中，設身處地的思考如果自己是語境中的主角，面對這樣的責問，你會說什麼？

測驗1

琪琪和歡歡是多年的好閨蜜，大二上學期時，兩人一起參加學校的辯論賽，一同認識了外系的一個男生阿爽。阿爽是一個多才多藝又活潑開朗的男生，他既能和喜歡玩線上遊戲的歡歡聊在一起，又能在圖書館遇上喜歡看書的琪琪。兩個女生都對阿爽產生了好感。

這一天，琪琪和另外一個室友瑤瑤一起去吃飯，路上恰好遇到阿爽，阿爽約琪琪晚上一起去圖書館。琪琪心中非常激動，她猶豫再三，忍不住問瑤瑤：「妳覺得，阿爽是不是喜歡我？」瑤瑤有些糾結，因為她上午時，曾經在宿舍聽到歡歡和阿爽講電話，阿爽還約了歡歡明天晚上一起玩線上遊戲。她怕琪琪受傷，便說道：「應該不是吧，他上午還打過電話給歡歡呢。」

如果你是琪琪。你會怎麼做？

測驗2

電視劇《愛情公寓》中有一集是關於胡一菲大戰三個男生的故事。秦羽墨在搬來愛情公寓之前，曾經住在曾小賢、胡一菲她們樓上。她和胡一菲在電梯裡遇到時，正巧是胡一菲準備和幾個男生鬥智鬥勇搞惡作劇比賽。

秦羽墨幫助胡一菲，先後在超市用一盒加了料的口香糖征服了張偉；又在花園裡故意邂逅呂子喬，並對他回眸一笑，讓他誤以為美女對自己有情；最後，她更是裹著浴巾向曾小賢借刮毛刀。一時間，三個男生，都認為秦羽墨喜歡自己。

如果你不是觀眾，而是故事裡面的某個男生，你會怎麼想？

測驗3

子文和洛克結婚六年，最近他們的感情生活出現了很大的問題。子文在洛克的手機上發現了很多曖昧簡訊，經過證實，子文發現洛克出軌了。

面對婚姻的意外，子文痛不欲生。她一遍遍回想起和洛克談戀愛的時光，洛克曾經說過，如果以後他真的做了對不起子文的事，那麼一定是他被生活裡的那些虛假的東西蒙了眼，他祈求子文一定不要輕易放棄自己，一定要將自己搶回來。

想到這，子文又有了修復兩人感情的勇氣。她開始每天詳細的詢問洛克的行程，經常去洛克的公司等他一起下班回家，晚上則纏著洛克一起看電影，或者出去散步。

一開始，洛克因為做了對不起子文的事心虛，所以對於子文的每個舉動都極力的配合，但是當有一天子文一不小心說漏了嘴，讓洛克知道了自己已經知道他出軌的事之後，洛克就變了。

他不再積極回應子文提出的事，而且晚上也開始明目張膽的去和別人約會。幾個月後，子文在一場酒會上遇到了摟著別的女人的洛克，她哭著問洛克：「當初你說如果你做了對不起我的事情，一定只是貪圖一時痛快，並不是不愛我的，要我一定不要放棄你，可是為什麼我做了這麼多努力，你還是要做這種事呢？」

子文不知道的是，洛克早就將當年說過的話忘得一乾二淨，面對子文的質問，他只有不耐煩和厭惡。

如果你是子文，你會怎麼辦？

想必對於上面三個小實驗，大家都能很快想到正確的解決方法。而我在這裡列出這三個問題，也不是真的要考大家，只是想說，明明身為旁觀者時，能迅速分辨出對錯，給出正確的解決方案的問題，為什麼在我們身邊，會頻頻發生呢？

這些事情，不僅在我們身邊頻頻發生，更重要的是在我們想要幫助當事人走出困境時，大多數都會發現，當事人自己本身竟然已經陷入了神邏輯的怪圈，她們的想法和我們的完全不同，不管我們如何勸阻，都不願意相信並澈底解決這個問題。

曾經看到過幾個很有意思的小故事。主題的意思大致是「妳男朋友對妳這麼好，我就不勸你分手了。」

在這裡，我簡單改編了一下，羅列給大家看看。

男朋友脾氣暴躁，經常跟我吵架，動了幾次手，最後都跪在地上求我原諒。昨天我跟朋友出去逛街，他打電話給我，我沒聽到，回來吵了幾句，他突然衝上來就把我推倒在地上，用腳踹我的頭，踹了好多下……他平時對我是很好的，也很愛我，我該不該原諒他？

筆者有話說：爸媽把妳養這麼大，就是為了讓妳被另一個男人爆打的嗎？妳的腦袋不會被踹傻了吧？還有啊，勸妳多看點歐美的心理劇，以妳男朋友的這些表現，很可能有心理變態的徵兆，妳愛的不是一個正常人啊。

文文和男朋友是在大學自由戀愛的，畢業後，兩家擺了喜酒，但是沒登記。畢業第一年，生了個女兒；畢業第三年又生了個女兒；畢業第五年，生了個兒子。昨天文文老公帶著文文去辦理登記了。

以前的同學聽說了，都罵文文，妳這活生生把自己當成了移動的活子宮啊，還是沒有一點保障的那種。

文文卻反駁說：「他們家那邊都這樣，再說他對我挺好的啊。」

筆者有話說：多餘的話就不說了，有機會也去醫院看看吧。

某次聚餐，有個女同事吃完飯後過敏了，渾身紅腫長滿了疹子。大家一起將人送到了醫院，過了老半天才打通她男友的電話。那邊焦急的問：「妳怎麼樣，有沒有事，好點了沒，不舒服嗎？」

同事說在醫院了，沒什麼事了。

本以為她男友會馬上過來，結果那邊竟然說：「妳沒事就好，我還要和朋友吃飯，先這樣吧。」

當時跟著去的幾個同事臉色都變了，有一個忍不住說了她兩句：「妳都這樣了，妳男友還去和別人吃飯，這是人幹的事嗎？」

結果女同事竟回：「他其實對我挺好的，就是粗枝大葉點，不太會關心人。」

筆者有話說：自賤者人恆賤之，你自己都不覺得委屈需要關心了，就是再細心的人，也不會對你呵護周到的。

朋友的男友兩次出軌，最後她都選擇了原諒。現在兩人已經見了家長，正準備結婚。但是前不久，男友出差回來，朋友在他口袋裡發現了「小姐」的名片。

朋友的閨蜜得知後，都義憤填膺，要她在結婚前分手，及時醒悟。結果朋友卻對閨蜜說：「看得出來，他也很在乎我，我也不想和他分手，不然怎麼能糾正他花心的毛病？」

筆者有話說：只要他的女朋友還是妳，估計一直都改不過來了，因為妳總會原諒他的嘛。

有次吃飯，碰上隔壁一家人聚餐，男女老少都有。期間，一個女生一直來回奔走，一會拿紙巾、一會倒茶、一會帶著小孩子去上廁所，一家老小沒有人幫她，也沒有人叫她坐下來吃飯。

後來，有個小孩吵著要吃冰，家人怎麼哄都哄不好，一個男生終於忍不住了，「啪」的把筷子往桌上一摔，衝著女生喊：「妳就不能去幫他買嗎？」

這一嗓子把我們都嚇到了，那個女生也嚇到了，她抬起頭看著男生滿是委屈。但最後還是什麼都沒說，轉頭去買了。

女生剛走，那一家人就開始議論，「○○這個女朋友，勤快是勤快，就是不怎麼機靈。」

吃完飯，去洗手間又遇到那對情侶，然後就聽到女生小聲的對男生說：「我知道你愛我，但是在你家人面前，你能不能幫幫我？」

筆者有話說：孩子，妳果然是不太機靈，不然怎麼還會覺得他愛妳呢？

同學找我借錢說是要去做人工流產。我問她：「妳男朋友呢？他不負責嗎？」

同學：「他還沒準備好，等過兩年條件好了再結婚。」

我：「要怎麼樣才算條件好？」

同學：「他薪水才兩萬，養不起家，想賺錢以後做點小生意。」

我：「兩萬也不算少了，怎麼給妳做手術的錢也拿不出來？」

同學：「他說錢都借給朋友了。」

同學她男朋友都快三十歲的人了，還一直沒有存款，我說借錢可以，但是妳還是趁早和他分手吧，結果同學說：「除了這事我們沒有別的不合，他說做完手術就帶我去見家長。」

筆者有話說：貧賤夫妻百事哀，錢就是最大的矛盾啊，孩子。再說了，既然都要見家長了，為什麼還要做手術呢？

有個以前的室友，和男朋友在一起三年多，從來沒有收到過任何禮物，無論是生日還是聖誕節、情人節都沒有。今年聖誕節，室友厚著臉皮，主動提出想要一支口紅。

男友聽後生氣的說：「聖誕節，那是洋人的節日，妳湊什麼熱鬧？」那支口紅，也不過八百元，八百元買不起房子、買不起車子，一頓火鍋有可能都吃不飽。這種人，不分手還想留著他過年嗎？

結果室友說：「他其它方面對我都挺好的。」

筆者有話說：這樣的傻姑娘，無話可說了。

高中同學聚會，和同學說話，不久她男朋友打電話來了。同學講完電話後說：「平時只要我和別人出去超過兩小時，他一定會打電話給我。但是他出去我從來找不到人，有時他玩線上遊戲我找他，他還會覺得煩。」

我要同學好好和男朋友談一談，這種問題應該及時溝通。或許是因為見我是可以傾訴的對象，同學在接下來的半個小時內，又絮絮叨叨的說了很多和男朋友的矛盾，還說有好幾次險些分手，還要我作出評論。我說了後，她又說：「可是他很愛我啊，平時也很體貼啊。」

筆者有話說：這樣的同學，沒把你帶傻吧。

講這些故事的人，最後總結了一句，可以看出在妳們心中，妳們的男朋友真的對妳們很好，我是永遠都不會勸妳們分手的。

雖然這絕對是一句反話。但是碰上這樣的女孩，有時候真的是讓人不知道該如何是好。

這些小故事，也都是深陷神邏輯誤區中的鐵證。這些女生，一方面向別人傾訴她的委屈，但是另一方面，她又已經有了自己的想法，在她們的心中，早就「堅定」的相信了，無論我男朋友怎麼對我，他都是愛我的，我不會離開他。

妳說，妳都這樣想了，還要別人怎麼勸妳？只能勸妳永遠不要分手了。

透過案例來分析這類邏輯，是希望能夠引導大家，走出使用神邏輯的誤區，用平和的心態，去應對各種看似正確，實際漏洞百出的邏輯。當然，在大是大非的問題上，我們還是應該勇敢面對，哪怕迎接我們的是短暫的痛苦。

神邏輯謬誤

訴諸偽善（你還不是一樣）

不正面回應別人對你的批評，而是用批評別人作為你的回覆——你還不是一樣……。

你想要透過批評回應批評的方式，免去為自己辯護的責任。透過這種方法來暗示對方是個虛偽的人，但是不管別人虛偽與否，你都只是在迴避別人對你的批評。

例子：小明在和小紅爭論時指出小紅犯了一個邏輯謬誤，小紅不正面捍衛自己，反而回應：「你之前也犯了邏輯謬誤。」

◈神邏輯經典對話

年輕人工作不要只想著錢

去一家公司面試，ＨＲ跟小明談大談地、談理想、談人生之後，跟小明說了一個他絕對不能接受的薪水。

小明：「不好意思，這個薪水連基本溫飽都很難解決。」

ＨＲ：「給你再高的薪水有什麼用，你又存不到錢。別跟我說什麼溫飽，我也是從你這個年紀走過來的，年輕人不都是愛減肥嗎？要你們吃飽你們還不樂意呢！逛淘寶買包包都是浪費，一個包就不能背了？現在有一個正經八百的機會你不要，能讓你又有工作又能減肥……。」

最近為公司談了一個案子，據說能拿到不少獎金，結果發到自己的手上只有一個零頭。去問主管，主管回答：「你一個大學才剛畢業的學生，要那麼多錢做什麼？給你你也存不住，有了錢你會想出去玩，打線上遊戲之類的，反而耽誤了工作。再說了這案子雖然是你完成的，可是說到頭來也是公司給你機會，你才能完成。」

小明：「……。」

去出差，看著少得可憐的出差費，小明問：「經理，這個出差費是不是太少了一點？我聽說臺北的物價會比我們這裡高一點。這些錢顯然不夠在臺北吃住一個星期的。」

經理：「出差費又不是薪水，你計較有多少有什麼意思？別以為我不知道你們這些人的心思，都還沒有站穩，就想要占公司的便宜。你們這些年輕人就是不能吃苦，出個差意見那麼多，不夠不知道省著點花嗎？你知不知道多少人想自費出去學習？」

小明：「……。」

小明的電腦又當了，身為軟體工程師，電腦還是很重要的，可是每次開機要半個小時，當機又浪費半個小時。

小明：「主任，能幫我換一臺電腦嗎？這臺電腦開個機至少都要花半個小時。」

主任：「那你不知道提前半個小時來公司嗎？」

小明無言以對，半天之後，不得不繼續說道：「但是也很卡。」

主任：「別人用都沒問題，為什麼就你的有問題？」

小明：「……。」

主任：「別以為我不知道，你們這群小朋友，從來都不好好做事，也沒看過你們加班，給你們配那麼好的電腦也是浪費。現在想要好電腦，還不是因為想用公司的電腦玩線上遊戲。」

小米剛去公司實習，一個月八千元，吃住都成問題。讓家裡貼補過了三個月的試用期後，經理卻沒有給她當初約定的薪水。

小米：「經理，我這個月不是轉正職了嗎？我的薪水怎麼才一萬多元呀！是不是哪裡出了問題呀？」

經理：「是一萬多元。」

小米：「可是當初說好了，轉正後一個月兩萬兩千元呢！」

經理：「當初是這樣說沒錯，但是妳的能力不足，只有一萬多的薪水。而且妳這種三流大學畢業的，能來我們公司上班已經很不錯了。妳好好幹，加上年終獎金什麼的，也差不多能有兩萬元一個月的，你之前八千元一個月不也活得好好的嗎？一萬多元也夠了。」

小米果斷辭職，不是因為公司不好，而是覺得自己無法跟這樣的主管一起合作。

02 我沒錯，都是別人有問題

「你看這道題這樣做對不對？」
「第二個步驟不對。」
「肯定是你的錯了，我這是照著答案寫的。」

曾經在某個大學老師的臉書上看到過這樣一段話：

教過很多學生，按理說老師應該對學生抱著一視同仁的心態。但是每年總會有那麼一、兩個學習成績很好，人品卻讓人無法直視的「高材生」。每每遇到這樣的學生，心中總是免不了遺憾，感慨又是一個高壓教育機制下，製造出來的學習機器。

他們在成長的重要階段，只顧著學習各門學科的知識，過於重視死記硬背的東西，忘記了融會貫通，推己及人，沒有將任何學到的新思想、新感悟融會到自己的靈魂之中。

無論是政治學上的思想道德，還是歷史上的經驗教訓，在他們的世界觀中，都是單純的知識。在他們的心裡，這些知識只有一個作用，就是用來幫助他們考上頂尖大學。

這段話，一度被很多青年學生收藏在自己的日誌中。甚至，身邊有好幾個朋友，經常會拿出這段話，唸上幾遍，激勵自己，反省自己。其實這位老師，表達給大家的觀點很簡單，那就是不能成為一個讀死書的書呆子，要學以致用，將書中的理想抱負、人生道理，和自我認知有序結合起來。

好學生畢竟是少部分，很多求學時成績不是特別優秀的學生，在求學的過程中，反倒更懂得注重個體意識的發展。這群人，經過不斷的磨練和思索，更容易成為社會上的棟梁之才。而那些令人遺憾的，只會死讀的好學生，以及不務正業貪玩的學生，則大部分走向了大眾心理學上提到的兩個極端：一個是極端的自負，目空一切，一個是極端的懶散渾渾噩噩。

這兩類人，經常會對一些再普通不過的事情發出一些很奇特的言論。下面舉兩個典型案例：

小雨是第一實驗中學成績最好的學生，每次月考都是年級第一。國二下學期時，班上來了一個轉學生小雪，小雪不僅人長得漂亮，據說還曾經連續好幾年都是縣市奧數比賽的冠軍，並且在以前的學校，也一直都是年級第一。小雨和小雪，就像是王見王，兩人暗自的較上了勁。

期末考前的這段日子，班上的氣氛尤其緊張。某天，小雪在做一道奧數題時，一直想不起來正確的解法，便拿去問小雨。小雨碰巧做過這道題，雖然和小雪是競爭的關係，但小雨還是認真的給小雪講解了這道題的正確做法。

誰知，小雨剛說完這道題的大致思路，小雪就想起來了這道題的做法。等到她聽完小雨提出的和自己印象中不一致的演算法後，毫不猶豫的說道：「這道題，妳說的不對，應該是這樣的……。」

小雨對於小雪堅持否定自己的演算法，表示難以理解。她覺得一道題的解答方法有很多種，標準答案只是其中的一種，最後獲得的結果都是一樣的前提下，不同的方法怎麼能夠被認為是錯的呢？

國外有一部著名的影片叫做《年輕氣盛》（*Youth*），裡面講的是兩個知識和閱歷很豐富的藝術家，在退休之後，居住在奢華的五星級酒店逍遙度日，因為不服老，所以去美豔女郎最多的游泳池游泳，展現自己的腹肌，並且還想干涉、操縱兒女的人生。他們堅持自己摸索出來的生活之道，想要自己的子女也遵循，並試圖讓他們相信，這是唯一正確的道路。

直到兒女婚姻破裂，事業發生危機，對他們發出歇斯底里質疑後，兩個人才終於意識到自己曾經的獨斷。每個人都有各自不同的生活，並不是一個簡單的經驗之談就能過好的。

這一節要討論的神邏輯，和電影的名字《年輕氣盛》這四個字十分的貼合。即主要來源於人的自負情緒，而產生的主觀獨斷，話語者對自己的這種判斷充滿了自信，認為其具有絕對的權威用來指導別人的行動。事實上，這種判斷大部分情況下，只適合話語者自己，無法經過大範圍的檢驗，是自負的精神產物。

自負，在心理學上的解釋是：個人對自我能力、自我容貌、自我行為等的認知都具有良好的優越感，那些缺點都被自動忽視，從而在將自己和他人進行比較時，往往會覺得自己是完美無瑕的，而別人都是有問題的。

這種自我感覺異常優越的心理暗示，在話語者向別人詢問、求助之前就已經產生，並且在其內心世界就有決斷權威。這時話語者需要的其實是對自己內心決斷的附和聲，這不僅能滿足他們內心的虛榮，同時讓他們對自己的判斷更加有信心。

但接收者的反應往往和話語者的期待不同。所以話語者聽到的大都是反對的、認真的意見。忠言逆耳，由於這些話並不是他們所期待的，所以當聽到這些話語時，話語者的潛意識裡會迅速發起反駁，由自負情緒主導下的神邏輯話語迅速發聲，搶占最後的主動權。

西方關於人對自我能力的認知，以及對日後生活的發展有什麼影響的實驗中，得出了這樣的結論：當人的自我認知感強烈、自信，人便會美麗大方、神采飛揚、充滿了活力。這和中國所說的相由心生有異曲同工之妙。

艾倫．葛林斯潘（Alan Greenspan）曾經說過：「思想體系是一個概念框架，它是人們處理現實問題的方法。每個人都有一個，你也一定有。為了生存，你需要有一個思想體系。」

相信自己的能力是應該的，但是在自我相信的同時，也要有客觀的正確的思想體系，不斷的在自我辯證和對客觀事物的辯證中發展完善。

神邏輯謬誤

訴諸難以置信（個人懷疑）

因為自己不明白或者知識水準不夠，就認為一個事物可能是假的。

一些很複雜的概念，比如生物進化等需要一些基本的理解和知識。有些人因為不理解這些複雜的概念，而覺得這些東西是錯誤的。

例子：小紅指著一塊石頭說：「你說進化論是真的，那你讓這一塊石頭進化成人給我看看。」

神邏輯經典對話

為什麼同一個老師教出來的學生，成績差那麼多？

小明因為考了年級倒數第一，被班導叫去罵。

班主任：「你說說，你這是第幾次考倒數了？」

小明：「……。」

班主任：「你再說說，都是同一個老師教的，怎麼小麗都對了，你卻能全寫錯？」

小明和小七在同一間補習班上課，兩個人考試的成績發下來之後，小明的媽媽質問小明：「你這道題怎麼會算錯？花那多錢上補習班補習，都學到哪去了？」

小明：「對不起，下次不會了。」

小明的媽媽：「對不起有用的話，我還送你去上補習班幹嘛？聽說人家小七又考了滿分？」

小明：「是的。」

小明的媽媽：「上同一個補習班，怎麼人家成績越來越好，你的成績卻那麼差？」

小明：「老師說我跟小七的底子不一樣，所以……。」

小明的媽媽：「所以我才把你送去跟他同一間補習班，結果你看看你，學成什麼樣子了，真是浪費了我一番心血。」

小天喜歡畫畫，不喜歡音樂，但因為小天的媽媽是個歌唱家，所以從很小的時候，小天就開始接受各種歌唱訓練。然而，因為興趣的原因，在唱歌方面，小天再也無法提升。

小天媽媽：「你說說你，那麼好的環境、那麼好的老師，你怎麼就不知道珍惜？你知不知道媽媽以前要學唱歌多難？為了生你，放棄了大好的事業，犧牲了多少，你對得起我嗎？」

小天：「我又沒有要你犧牲……。」

小天媽媽：「你還頂嘴。你存心要氣死我是不是？」

你穿得那麼暴露，不就是在勾引別人嗎？

一則少女被強姦的新聞上了熱搜，無數鍵盤俠在下面留言，有的同情、有的憤怒、有的甚至發出了這樣的言論：

鍵盤俠Ａ：「這女的說自己喝醉了不記得過程，那怎麼證明自己不是自願的呢？」

鍵盤俠Ｂ：「就是，穿成這樣，還喝醉酒。晚上亂跑，不出事才怪。」

鍵盤俠Ｃ：「這種女人就是欠教訓，看她以後還敢不敢。」

前男友劈腿，小白痛心放手。過了一段時間後，前男友跑來苦苦糾纏，述說著自己現在的生活不美滿，懷念和她在一起的日子。

小白不信浪子回頭那一套，果斷的拒絕了他，前男友卻糾纏不清，威脅利誘各種手段逼迫她搭理自己。

有一天，前男友的現任女友找到了她，不由分說就痛打一頓，說她是狐狸精勾引自己男朋友。

小白：「我跟他早已經分了，是他一直不肯放過我。」

現任：「一個巴掌拍不響，別以為我好騙。」

小丁覺得有人跟蹤自己，經過幾次觀察之後，終於發現那個人就是隔壁棟的鄰居。報警之後，停止了一陣子，但是沒多久，他又開始跟蹤自己。

沒辦法，小丁只好去找社區的管理員，管理員大媽聽了之後，對小丁說道：「小姐妳還沒交男朋友吧？我看那男孩子挺不錯的，人家也是喜歡妳才跟蹤妳，沒安壞心思，不然妳早就出事了是不是？聽大媽一句勸，實在不行妳就跟他談個戀愛，反正妳也老大不小了！」

小丁：「……。」

大媽：「別以為我不知道妳也想談戀愛，不然何必天天打扮得花枝招展的，妳這樣子不就是為了勾搭那些男的嗎？」

小丁怒搬家。

最近有一則新聞很紅大家都在討論：某某公司高層在飛機上非禮一個女孩，女孩下了飛機立刻報警，這件事也迅速發酵，被大家熱議。

不少人都開始議論，很多人都同情女孩的遭遇，可是隔天，輿論的走向就開始變了。因為有人肉搜出女孩的身分，某網路直播平臺主播，平時的形象非常性感。

圍觀群眾A：「我就說她怎麼那麼眼熟，就是那個網路直播主嘛。」

圍觀群眾B：「呵呵，一開始還以為是什麼好鳥，沒想到是個直播主。炒作，肯定又是炒作。」

圍觀群眾C：「就是啊，她自己平時就那作風，別人能不非禮她嘛？再說了，一個巴掌拍不響，蒼蠅不叮無縫蛋，誰主動還說不定呢！」

03 如果不能掛保證，我的錢不就白花了

「我不想去醫院，吃這個藥就可以了吧？」
「可以吃吃看。」
「你肯定是想讓我死，網路上都說了，我這症狀很可能是癌症。」

古時候，人們相信死亡不是生命的終點，而是另一段旅程的開始。高貴而偉大的人，會進化為神；罪孽深重的人會遭受無盡的懲罰；更多的芸芸大眾則不斷的輪迴再次為人。

雖然對生命的這種解讀，已經被現代科學所否定。但是每每提到生老病死，大多數人還是依舊心存古老的善念。

中國人接觸比較多的佛法，尤其是現代教育環境下衍生的新的佛家道義，其實是佛教思想、現代心理學以及語言邏輯學等多門學科的重新融合。不過，本節我們不討論佛法，也沒有辦法和大家解讀高深的生命來源和歸去之謎。接下來要說的，是生老病死中的「病」。

說起看病，那就有不少話題可以聊了，首當其衝的就是醫患關係。先和大家分

享一組在網路上，傳播範圍非常廣泛的醫生和患者之間的對話。

小明問醫生：「做這個檢查多少錢？」

醫生：「兩千多元。」

小明：「做了是不是就能知道是什麼病？」

醫生：「嗯，但是也不一定，可能還要做進一步檢查。」

小明：「不能確診為什麼還要檢查？」

醫生：「不是不能確診，而是現在不能完全確定，只需要做這一個檢查。」

小明：「用得著你確診嗎？我得什麼病自己還不知道嗎？」

醫生：「……。」（你知道還來做什麼？）

小明去買藥。

小明：「這藥多少錢？」

醫生：「一盒一百元五天的量。」

小明：「是不是吃了就會好？」

醫生：「先吃五天看看，差不多能好。」

小明：「什麼叫差不多？」

醫生：「就是有可能五天就好了，也有可能病比較嚴重，五天好不了，需要再繼續吃，或者調整用藥，你的病情比較複雜一些。」

小明：「吃了藥不會好，憑什麼要我吃藥？」

小明的姊姊要動手術，小明被叫去術前談話。

小明：「你的意思是說，手術有可能成功，也有可能失敗？」

醫生：「嗯，手術有風險，這就是術前談話的意思。」

小明：「而且你說這個手術就算成功了也未必能治癒？」

醫生：「是的。她的病以現階段的醫學水準是無法治癒的，術後需要繼續化療跟進等。」

小明：「你的意思是，你們在我姊姊身上開一刀，我們錢也花了，罪也受了，結果其實還是要死？」

醫生：「這些之前我們就和你講過，手術主要是為了改善病的預後，預防併發症，延長生命時間。」

小明：「延長什麼生命時間？我看你們就是想要賺錢吧！」

小明去急診看病。

小明：「醫生，我不舒服。」

醫生：「哪裡不舒服？」

小明：「這、這、這。」
醫生：「怎麼不舒服，多久了？」
小明：「半年了吧。哎喲喂。」
醫生：「突然加重了嗎？」
小明：「沒有，就這裡，一直這樣，隱隱的不舒服。」
醫生：「你這個拖這麼久了，也沒有突然加重，不屬於急診，明天白天再來看一般門診吧。」
小明：「什麼，怎麼就不能看了？」
醫生：「現在只看夜間急診，專門處理四十八小時以內發病的重病。」
小明：「你是不是這裡的醫生？」
醫生：「是啊。」
小明：「你現在有急診等著看嗎？」
醫生：「暫時沒有，但是隨時可能有重症病人會來。」
小明：「你這是什麼醫生？有病人在這你不給病人看？你怎麼這麼冷血？」
醫生：「現在是急診時間。你這情況拖一天再看也不會出什麼大問題。」
小明：「這話是你說的啊！你保證？等我拿手機錄音，你再說一次。萬一我出大問題了，你別想跑。」
醫生：「……。」

小明：「怎麼？你現在到底給不給我看？」

醫生：「真的看不了。一你不是急診，二是這大半夜的很多檢查做不了，光看一看不夠的。」

小明：「我怎麼就不是急診了？我都疼成這樣了還不急？」

醫生：「是不是急診是根據發病時間來判斷的，不是根據疼不疼。你這個確實不是急診。」

小明：「我難得來一次，你到底看不看？不看我投訴你。」

醫生：「你要投訴也得等白天醫務處上班時間。趁明天投訴我時，順便把病一起看了吧，白天方便做檢查。醫務處在三樓，門診在五樓。」

小明：「怎麼有你這種醫生？現在醫生怎麼一點醫德都沒有？一點同情心都沒有？我難得來你們醫院附近吃個飯，剛好想看個病，好不容易掛了號，還不給看，這是什麼破醫院？」

心理學對心理疾病的解釋是這樣的：「所有心理疾病的源頭，實際上都是潛意識發生了問題。因為對於意識來說，是可以被我們控制擺平的，而那些浩大而詭異的潛意識卻遠遠超出了我們的掌控範圍，如果它們出了問題，必然立刻讓人陷入水火之中。所以說，對人的精神的分析，通常都是對潛意識的分析。」

在小明的認知裡，看病等於一定能夠檢查，並確診是什麼病。在這種必然前提下，當醫生提出的結果和他潛意識中已經存在的認知出現偏差後，本能的潛意識第一時間會開始尋找外因的問題。

不僅是小明，大部分人的思維模式都是這樣的，很少有人會在第一時間意識到內因上，即自我意識和認知的問題。

小明對於醫生、藥品、手術的看法，和大多數對疾病和醫院救治水準不了解的人的觀念一樣。很多患者家屬，在面對醫生提到的模棱兩可的救治結果時，內心世界會迅速展開一場關於拮据的經濟條件，和人命關天到底該不該救的糾結大戲。

這個時候，醫生無法給出一定以及肯定的保證，對他們來說，無異於是錢花了，罪受了，最後什麼用都沒有的意思。面對這種情況時，大多數人都會和小明一樣，發出相似的反問。

醫生：「需要做個檢查。」

患者：「能查出什麼病嗎？」

醫生：「這個要檢查完才知道。」

患者：「不知道什麼病，為什麼還檢查？」

醫生：「這個病要提前治，治癒機率大。」

患者：「意思是現在治就能治好？」

醫生：「是治癒機率大。」
患者：「那你的意思是以後治，就活不了了？」
醫生：「拖延的話，治癒機率小。」
患者：「你意思就是我以後治，你就會把我治死？」

醫生：「這個藥不能亂吃。」
患者：「我按照說明書吃的啊。」
醫生：「我是醫生。」
患者：「說明書上說的難道會錯？」

近年來，新媒體的不斷發展，以前我們很少了解的醫療事故，不斷的被放大報導。遭到曝光的不完善的醫療體系或者一些缺乏醫德的醫生，成了大多數人對醫院或醫生的第一印象。

但是，從客觀實際出發，我們應該主動了解整個體系，明確認識到醫德作風問題是個例。

現今的醫療體系的確存在不好的一面，但我們不能用對待弊病的邏輯思維，看低整個醫療行業以及為病患辛苦付出的醫護人員，這樣是有失公平的。

神邏輯謬誤

片面辯護

當觀點被證明是錯誤時，用特例來幫自己開脫。

人類都不喜歡被證明是錯的，所以當他們被證明是錯的時候總會想辦法幫自己開脫。人總是覺得自己以前覺得正確的東西必須是正確的，所以總能找到理由讓自己阿Q（按：使用精神勝利法進行自我安慰）一下。只有誠實和勇敢的人才能面對自己的錯誤，並且承認自己犯錯了。

例子：小紅說自己有特異功能，能用塔羅牌算出未出生小孩的性別，但是孩子生下來後發現猜錯了，於是她就說找她算命的人心不誠。

神邏輯經典對話

全班這麼多人，為什麼就你有問題？

小明昨天熬夜寫作業，早上出門太匆忙忘記帶作業。結果老師點名唸他：「我們班一共四十個人，就只有你忘記帶作業？你一定是沒有寫！」

小明委屈，趁著中午的休息時間回家拿作業。

老師：「我就知道你這種學生不會好好寫作業，看吧！我一說你就去寫了，下次不許用這個藉口了。」

學校舉辦登山郊遊活動，小明爬到一半因為肚子痛，落到隊伍後面。後來好不容易跟上了，卻被老師當場唸：「你知不知道所有人都在等你，你是不是故意等到我們下山才出現？」

其他同學：「一定是，小明平時最討厭運動了，這次肯定也是故意的。真沒想到他竟然是這樣的人，虧我們剛剛還擔心他。」

小明愧疚的羞紅了臉：「對不起，我是真的因為肚子痛和迷路了，才沒有跟上你們。給老師添麻煩了，對不起。」

老師：「全班那麼多人，怎麼就你一個人迷路？分明就是故意偷懶。」

學校才藝表演，小明被老師臨時指派，硬是要他上臺唱歌。

小明連忙拒絕：「老師，不是我不願意上臺，我是真的不會唱歌，萬一走音拖累了大家反而不好。」

老師：「全班四十多個人都會，就你不會唱歌？要你上你就上，搞砸了有你好看的。」

小明：「我真的不會唱歌啊！」

小明自從換了一個語文老師後，語文成績就一落千丈，小明的媽媽沒有辦法，只好跑來學校問原因。

老師：「這也不能怪我們呀！小明是個男孩子，男孩子理科都比較好，妳讓他學理科準沒錯。」

小明媽媽：「他以前挺喜歡文科的，語文成績也不錯。最近不知道怎麼回事，成績退步很快，而且也很明顯的發現他開始排斥跟語文相關的東西，就連以前愛看的課外讀物都不喜歡了。因為他剛轉學過來，你看看，是不是有可能有其他的原因？如果有的話，我們及時發現，也能及時改正。」

老師：「有問題也是他的問題，我們班上語文課代表，前段時間還得了作文比賽第一名，我的教學方法肯定沒有問題，妳兒子真的不是這塊料。」

因為你遲到一分鐘，全班四十人就是浪費四十分鐘

小明上課遲到一分鐘，剛好老師心情不好，於是被攔住挨罵。

老師：「你知不知道你這樣的行為很惡劣？」

小明：「老師，我下次再也不會了。」

老師：「你還想有下次？你知不知道因為你的遲到，我們班四十個人每個人被耽誤了一分鐘，加起來就等於是一節課的時間了。一節課對於你來說可能沒什麼，但是對於那些勤奮向學的同學來說，就是浪費了他們的寶貴時間。」

同學聚會，琳琳因為塞車遲到了一會兒，一群人開她玩笑。

「妳知不知道妳耽誤了我們多久時間？還不趕緊喝酒賠罪。」

「就是、就是。」

琳琳：「不好意思，我自罰一杯。」

同學：「一杯怎麼夠，我們這裡有二十多個人，一人一杯才可以。你可是耽誤了我們每個人的一會兒啊！」

這個演算法是不是有些奇怪？

小明今天不知道吃了什麼，老是拉肚子，眼看憋不住了，只好起身報告：「老師，我想上廁所。」

老師狐疑的看著小明：「你剛剛下課時做什麼去了？」

小明：「距離剛剛已經過了三十五分鐘了。」

老師翻開課本說：「還有五分鐘就要下課了，你先忍著。你知不知道你剛剛那一會兒已經耽誤了同學們的時間，如果每個人都跟你一樣在上課時要上廁所，那課還上嗎？」

小明：「是這樣的道理嗎？」

第四章

人跟人相處，合得來才能一起玩

01 冠軍隊裡也是會有豬隊友

哲學家尚—保羅・沙特（Jean-Paul Sartre）說過：「人類首先存在於環境之中，我們不能脫離環境，環境塑造了我們，決定了我們的可能性。」

應該很多人都看過《六人行》（*Friends*），故事裡面以瑞秋、羅斯、莫妮卡、錢德等六個人為一個團體，講述的是整個團體的故事。當他們六個人之中缺少一個時，觀眾便會感覺不自在，像是少了點什麼一樣。

這就是集體的力量。

在馬克思主義哲學中，我們都學到過社會學裡面的集體主義和個人主義，集體利益和個人利益。

從經濟學的角度上分析，個人是指組成社會的最小單位，是社會的一分子。而集體是組成社會的元素，它由個人組成。不同的集體，又構成整個社會。

從社會經濟發展的角度看，個人綜合素質的高低，影響著集體素質的好壞，從而影響著整個人類社會的綜合素質和經濟發展。

像《六人行》中這樣的團體，是理想中的集體。我們必須清晰的認識到，這樣的集體是相對的，並且在現實中是可遇而不可求的。

如何正確的認識個體和團體之間的關係；當個體和團體之間的關係發生認知錯誤後，會產生什麼樣的邏輯思維；如何規避這種神邏輯。這是這一節需要討論的三個主要方面。

社會學上定義個人與集體的關係為：**不能把個人脫離於集體之外，個人總是集體中的個人，集體總是由個人組成的集體，個人利益與集體利益總是息息相關的。**

社會心理學中曾經提到過，人是群居的，不能脫離社會而存在。廣為人知的狼孩、豬孩，一度讓人唏噓不已，這些都是脫離人類社會的典型案例。

而在社會群體中，又劃分出一個又一個的小圈子，閨蜜、死黨、敵對；古典、時尚、潮流；電影、音樂、小說；這些圈子都是以人與人之間相同的興趣愛好，相互吸引聚在一起為前提。**有了圈子就有比較**。

當某個小團體中有一個人或多個人特別厲害時，這個團隊在他人眼中的光環便會被無限放大，從而連帶的團體中的其他人也被關注。大家下意識的會認為這些默默無聞的人也同樣厲害，只不過很低調而已。

相反的，一個圈子的實力並不是特別強，並且其主要的光環都集中在一個非常弱的隊友身上的話，那麼這個圈子便會得到相對差的評語。講個有意思的小故事：

微微從高中開始就在玩一款名為《夢幻西遊》的網路遊戲，工作後，偶然得知同事琳達也在玩這款遊戲。

有天，兩個人交換了自己所在的伺服器和團隊的資訊，當琳達得知微微所在的團隊，竟然是這個遊戲裡數一數二的團隊後，覺得微微遊戲水準肯定特別高，不由的對她崇拜至極。

很快的碰上《夢幻西遊》的一個節日慶典，琳達想到微微非常厲害，便向她提出邀請，希望能夠陪自己一起去參加某個ＰＫ比賽。

然而到了ＰＫ賽的那一天，琳達所在的團隊，卻因為微微拖後腿，導致一路敗北。琳達的隊友都紛紛表現出不滿。

「不是說她很厲害嗎？」

「她真的是全伺服器裡最厲害的團隊的一員嗎？我看技術也不過如此！」

原來，琳達一直向自己所在區的其他隊友吹捧微微，所以當隊友發現事實並非如此後，才會說出這樣的話。

看過電影《阿甘正傳》的人，肯定都被阿甘的勵志故事感動到哭。阿甘曾是在團隊合作中，大家最不想要接納的隊員。

在阿甘小時候經歷，諸如「阿甘也在那個班，那個班肯定很爛」、「他竟然和阿甘一起玩，他是不是也有殘疾？」、「她竟然喜歡阿甘，她肯定腦子有問題。」類似這些話，是他經常會聽到的。

一榮俱榮一損俱損，這個短語在古代本指門閥世族子弟，身繫家族的榮辱興衰，需要相互扶持。

這和封建社會的官場政治、罪行（連坐、誅九族、流放）等制度有關，是世襲、子承父業等幾千年來，傳承下來的生存規則下的家族理念。

在網路時代，網友將這種價值觀不斷的創新和打磨，一部分發展為本節我們所講的神邏輯——這麼弱，他在的小隊肯定也弱爆了。

神邏輯謬誤

既定觀點問題（誘導性問題）

在提出問題時加入了誘導的成分，使得對方只能按著你的意思來回答。

以誘導性的問題來逼對方回答你提出的問題，從而破壞理性的討論。

例子：小紅懷疑自己的丈夫搞外遇，為了一探究竟，於是就問他：「陳軒的屁股上是不是有個胎記？」

神邏輯經典對話

怎麼？唸你兩句就不高興了嗎？

最近又買了一些BTS（按：防彈少年團，韓國男子音樂團體）的周邊，放在家裡不小心被媽媽發現，我有預感她又要說教了。果不其然，媽媽對著我說道：「別成天喜歡這個喜歡那個，前不久不是還追著那個韓國的李，李鍾什麼……？」

我：「李鍾碩！我沒有喜歡這個那個，這些我都喜歡，妳看看，金碩珍是不是超級帥呀！」媽媽看了一眼海報，沉聲道：「帥有什麼用，妳看看妳，除了追星還會點什麼，妳現在不好好讀書，將來怎麼能找份好工作養活自己？追星能當飯吃嗎？能給妳工作嗎？」

我：「可是我現在才十六歲！」

媽媽：「十六歲怎麼了？我十六歲就已經在幫妳舅舅帶小孩了！」

媽媽：「別成天就知道玩電腦，多看點書，看看有什麼可以學的，將來找工作也能多一項技能。」

我：「我才二十歲。」

媽媽：「二十歲怎麼了？我二十歲都生妳了！哪像妳這樣，對未來一點規畫都沒有。」

我：「妳二十歲生我難道不是因為喜歡我爸？而是因為規畫啊？那這樣算起來妳十九歲就談戀愛了……妳老說我太早談戀愛，自己還不是這樣。」

媽媽：「現在能跟我那時候比嗎？」

我：「要比的人不是妳嗎？」

媽媽：「天天加班加到那麼晚，也不好好談個戀愛，工作能當飯吃嗎？妳看看妳都成什麼樣子了。」

我：「我才二十三歲！」

媽媽：「妳還好意思說，妳都二十三歲了，妳就不能懂事一點？讓我們少操點心？」

我：「以前二十歲時妳要我不要談戀愛，好好讀書，現在二十三歲，妳要我好好談戀愛，不要工作，妳到底想怎麼樣？」

媽媽：「妳行，還敢頂嘴！」

媽媽：「王阿姨幫你介紹了一個對象，回頭你先跟人家聊一下，不管怎麼樣，先了解一下。」

我：「最近很忙，哪裡有空去談戀愛？再說了，我現在才剛畢業，我想以事業為重。」

媽媽：「你忙工作就有時間，談戀愛就沒有時間？你這孩子怎麼那麼不聽話呢！你的同學小李連孩子都有了，你看看你，別人都在忙著談戀愛、結婚，你怎麼就知道忙工作。」

我：「媽，那只是我一部分的同學，大多數同學都是跟我一樣，先創業後結婚的。」

媽媽：「那他們難道就沒有交往的對象嗎？」

我：「沒有，忙工作沒時間談戀愛這很正常。」

媽媽：「那正好，你們湊一對，來跟我說說，你那些同學誰還是單身的？王什麼的我看著就不錯，那孩子⋯⋯。」

在電腦前還沒坐上兩分鐘。我媽就在那裡唸：「整天看電腦對眼睛不好，你看看你的近視度數是不是又加深了？你不知道玩電腦對眼睛的傷害很大嗎？你沒事多走動走動，別一回來就開電腦。」

我：「媽媽，我在查資料，過兩天就要考試，現在是非常時期。」

媽媽態度立刻三百六十度大轉變。「你說這科技真發達，現在有什麼不懂的問題，只要Google一下就知道了，不像我們以前，想問還不知道上哪問，你好好查，我去煮碗湯圓給你當宵夜，免得你肚子餓。」

好不容易熬完了考試，終於可以好好打線上遊戲了，才剛在電腦桌前坐下，遊戲介面的進度條還在讀取，我媽就站到了我的身後。

媽媽：「太常玩電腦對眼睛不好，你看看你的近視度數是不是又加深了？你不知道玩電腦對眼睛的傷害很大啊？而且老是坐著，對腰也不好。」

我：「我就玩一會。」

媽媽：「一會也不行，我都是為了你好，過幾年你就會感激我了。」

我：「查資料時妳怎麼不說？」

媽媽：「唉呦，妳管起我了是不是？查資料能跟玩遊戲比嗎？你翅膀硬了啊！」

吃完飯沒有馬上拖地，我媽洗完碗出來，對著我就一頓罵。

媽媽：「交代妳拖地怎麼還沒有拖？」

我：「一時忘了，再說晚點拖也沒有關係呀！」

媽媽：「妳還頂嘴了是不是？要妳拖地也是為了妳好，一吃完就躺在那裡，胖了嚷嚷要減肥，到時候對身體更不好。」

我：「哎呀，妳怎麼那麼囉嗦？」

媽媽：「嫌我囉嗦？今天我非得教訓妳不可。」說完一個巴掌呼了過來，「知道錯了沒？」

我摸著被打得不輕的頭：「知道了。」

媽媽：「知道了還犯。」

吃完飯我正準備出門，我媽攔住了我。「剛吃完飯就出去野，你就不能休息會再出門嗎？剛吃完飯不能做運動你不知道嗎？是不是把胃給搞壞了才會聽？」

我：「我走到球場就差不多休息好啦，放心啦。沒問題的。」

媽媽：「你這孩子怎麼說不聽呢？要你現在別出門，你聽不懂嗎？」說著一巴掌呼了過來。「知道錯了嗎？」

我：「不知道⋯⋯。」

媽媽：「你是不是皮癢了？」

我：「⋯⋯。」

媽媽：「不吭聲？怎樣？唸你兩句就不高興了？現在就嫌我不願意理我了，等我老了不就直接趕我走？我怎麼會生到一個這麼不孝順的孩子？」

我：「不是，媽，我不是這個意思⋯⋯。」

媽媽：「不是這個意思？那是哪個意思？唸你幾句還頂嘴，你這是要氣死我！」

02 什麼樣的人，就會交什麼樣的朋友

你是什麼性格的人？是獅子座還是水瓶座？是九月生還是一月生？你喜歡安靜的看書，還是喜歡一大群人出去玩鬧？你最喜歡的食物是青菜還是肉類？

琳琳是一個文靜的女孩，平時喜歡在圖書館看書，會做些簡單的菜，喜歡喝養生粥，喜歡古典文化。而莎莎則是一個熱情如火的女孩，她喜歡搖滾歌手，愛看美國片，經常出去遊山玩水，偶爾還會去ＫＴＶ唱歌到通宵。

如果我說琳琳和莎莎這樣性格迥異的兩個人，她們在現實生活中是非常要好的朋友，你信嗎？如果你不信，那麼你很有可能內心的部分價值觀，會演變出這一小節中的神邏輯。

社會心理學上認為，運用語言符號，或語言符號相互之間的交流資訊、溝通情感的過程，都屬於人際交往的範疇。

而人際交往可以分為兩個方面：

第一，**工具性交往**，即指交流思想、傳遞資訊，將自己的知識經驗告知對方，並影響之。

第二，**滿足需要的交往**，即表達感情、解除內心緊張，求得對方理解同情。

人之所以會有朋友，除了因為人的社會性需求外，還因為人具有高等智慧，需要分享、交流、給予和獲取等多方面的需求。而這些需求，需要很多人共同完成。這種協作模式，又會激發人更深層的潛力，從而探索出更進一步的，新的生活方式和新觀點等。

所以，心理學家經過不斷的研究，指出人在為了滿足這些需求，而遵循的工具性和滿足需求兩個交流方向，並以此來界定心理學上友誼產生的原因和分類，由此發展出了三種人際關係建立的原則——自我呈現論、社會交換論和社會實在論。

第一，自我呈現論。交往者透過自己的言行向他人呈現自我，即將較好的自我形象呈現給他人，以達到影響他人、控制他人對待自己的方式。

第二，社會交換論。人際交往也是講究報酬與代價，除非雙方得利，否則難以維持。人們總是盡可能的使報酬大於代價，所以人總是傾向於保持對自己有益的人際關係。

第三，社會實在論。為了維護和發展某一群體，其個體透過人際交往參照他人標準，使自己的態度行動與他人保持一致，避免認知失調。

在現實的人際交往過程中，很少有人會循規蹈矩印證這些理論。大多數人更喜歡說：「我交朋友都是靠感覺啊，覺得合得來就在一起玩啊。」

人的大腦潛意識在對一個人發出友好信號之前，就已經進行了迅速的分析和研究，只不過我們的思維不需要對每件事都整理出深度報告，並加以清晰的呈現，所以我們對理論上的感情邏輯並不熟悉。兩個剛開始接觸的人，在互相了解的過程中，會有一個互補的過程。即當交往雙方的需要和滿足途徑正好成為互補關係時，雙方之間的喜愛程度也會增加。

在這種模式下，有了朋友、好朋友、知己、好哥們等更具體化的，人對人的小圈子。不同的小圈子，大範圍來講性格和喜好占大部分，但並不能因此以偏概全，認為「A是什麼樣的人，他的朋友就是什麼樣的。」這一神邏輯是正確的。

人際關係是需要互補的關係，所以不能找一個和自己完全一模一樣的人來當朋友，這樣的話不僅無法獲得友情的滿足，而且還有可能產生自我厭惡。

上面提到的琳琳和莎莎，這樣性格迥異的兩個人成為朋友，在現實生活中存在的機率非常大。在美國某大學的一次課外實驗的調查報告中顯示，七五%能夠互相成為好閨蜜、好哥們的兩個人，都是各有各的愛好，行為性格大不相同的。

這個實驗在進行前，該大學的學生，針對這一神邏輯指向的內容，做了非常詳細的推理和分析，並且羅列了很多種可能：

- 安靜的女生一般都有一個吵鬧、活潑、叛逆的好朋友。
- 帥氣的男生一般女朋友都比較普通。
- 兩個脾氣火爆的朋友在一起會經常吵架，並且九〇%會絕交。
- 喜歡吃辣的一般都是看起來很柔弱的女生，並且她們的力氣其實真的很大。
- 越是看起來無害的男生，性格越陰暗，並且希望自己的女朋友是校花。
- 看起來小小的女生，其實性格很狂野，喜歡和老實的傻大個兒做朋友。
- 那些看起來郎才女貌的情侶，大多數都不會超過三個月就分手。
- 很多看起來很時尚的女孩，都喜歡和年紀大的人在一起。
- 功課好的姑娘，一畢業就想和男朋友結婚。
- 不愛說話的人最愛記仇，朋友大多數都是大方爽朗的。

然而，這組實驗結果卻表明，這些之前被羅列出來的可能性，加到一塊整體的機率卻不到二五%。說到這，便已經有了足夠的證據，來推翻本小節這一「不靠譜」的神邏輯。

尤其是現今快節奏的社會進程下，人獨立自主的意識越來越強。以前那種上廁所都想拉著好閨蜜一起的心思和想法越來越少，更多的人喜歡獨來獨往，有自己的個人空間，甚至呼籲肉體和精神的雙重自由。這種現象，其實都在暗示著這一神邏輯將要淪為無稽之談。

神邏輯謬誤

舉證責任

你認為舉證責任不在提出觀點的人，而在於質疑觀點的人。

當有人提出一個觀點結果被人質疑後，你認為舉證的責任不在提出觀點的人，而在質疑者。不能證偽一個事物，或者舉出反例，並不能證明這個事物的合理性。

當然，如果只因為沒有足夠的證據說明一個事物是合理的，並不能肯定的說明它是不合理的。

例子：小紅說他相信宇宙是一個叫 KengDie 的全知全能神創造的，因為沒有人能證明 KengDie 不存在，所以 KengDie 是存在的。

神邏輯經典對話

時間就是金錢，那金錢當然能買來時間

和一個朋友聊天，談到神邏輯這個話題，她跟我說：「其實很多時候我也不知道什麼叫做神邏輯，因為連我自己都是用猜的。」

我：「哦？比如？」

朋友：「比如大家都說，時間就是金錢，金錢買不到時間。」

我：「嗯，的確……。」

朋友：「可是金錢能買到金錢吧？那為什麼金錢買不到時間呢（你的老闆不就用金錢買到你的時間了嗎）？」

朋友說：「知識就是力量，團結就是力量，那麼知識就是團結吧？」

我：「這樣說，好像也是對的。」

朋友：「那幹嘛還要上學呢？我們團結一下不就有知識了嗎？」

傻白甜室友問我：「你說人每天就是吃飯、睡覺、讀書和玩對吧？」
我：「對啊！當然可能還有其他的事。」
室友：「那豬每天就只吃飯、睡覺。」
我：「這有什麼關係？」
室友：「關係可大呢！如果豬等於吃飯加睡覺，那麼人減掉玩，不就等於豬加讀書嗎？」
我：「讓我想想。」
室友：「那不會玩的人就等於會讀書的豬。」

你家住海邊（管太多）喔？

兩個女生因為搶座位鬧得不愉快，其中一個開口罵道：「妳是不是有毛病？沒看到我看中了這個位置嗎？」
B：「妳怎麼可以罵人？妳能不能有教養點？」
A：「呵，裝清高！」
B：「妳這人怎麼回事？我又沒招惹妳，妳怎麼開口就罵人，妳有沒有想過別人的感受？」

A：「怎麼了？我就是罵妳了，玻璃心！」

B：「妳還罵？罵上癮了是不是？講點道理行不行？」

A：「難道妳就從來沒有罵過人？」

B：「我就是沒罵過人怎麼了？妳以為誰都跟妳一樣，沒教養啊！見人就咬。」

A：「呵，白蓮花（按：外表看上去純潔，其實內心陰暗，一味裝清高的人）！」

學校裡發生一起鬥毆事件，兩個男生被記了大過。

A：「楊洋那麼帥，肯定不會是先動手的那個，一定是李峰的問題。」

B：「李峰個性那麼好，怎麼可能去招惹楊洋，絕對是楊洋。」

C：「想了想，覺得現在糾結誰先動手並沒有什麼必要，因為兩個人都被記了大過。」

A：「你這人怎麼回事？我們在討論誰的錯，你一副悲天憫人的樣子，你厲害，你去求情啊！」

B：「呵，裝清高！」

佳佳喜歡運動，經常在社群發自己的自拍。一個阿姨介紹的男孩子加了佳佳的好友，逛了一圈她的社群，然後把她給刪掉了。佳佳覺得莫名其妙，但是也沒多在意。等放假回家後，聽到了許多閒言閒語，後來一打聽才知道是那個男孩子傳出去的。

佳佳找到那男孩子：「你怎麼能隨意揣測我的生活？還四處傳播？」

男孩子：「我沒有揣測，在社群裡發那種暴露照片，妳還想要名聲？妳的名聲就是妳自己敗光的。」

佳佳第一次知道，運動背心在有的人眼中就成了暴露衣著。

晚上十二點，隔壁寢室還在放音樂，小敏因為明天有一個重要的考試，所以不得不敲隔壁的門，試圖提醒她們早點休息。

小敏：「同學，已經十二點了，妳們不要放音樂了，如果真的要聽的話，可以戴耳機嗎？」

同學：「對面樓有個寢室現在還在打遊戲，那砰砰砰的聲音我這裡都能聽得到，妳怎麼不管他？」

小敏：「那是男生宿舍。」

同學：「妳重男輕女啊！」

小敏：「沒有，我聽不到那個寢室的遊戲聲，只聽得到妳們的音樂。」

同學：「妳覺得吵妳可以戴耳機啊！憑什麼要我們關音樂？」

同學B：「就是。」

03 夫妻不是互補，而是物以類聚

英國詩人威廉・布萊克（William Blake）曾說過：「愛情常會對缺陷視而不見，永遠以歡樂為念。」

英國《每日郵報》（*Daily Mail*）上曾經連載過這樣一個小故事：

傑克遜患有先天性心臟病，所以從小到大都不能做特別劇烈的運動，身體相較於其他人來講也比較瘦弱。傑克遜上大學之前，一直沒有談過戀愛。因為多數女孩一聽說傑克遜的身體狀況後，就不由自主的退縮了。面對一次次甜蜜的曖昧被無情的打破，傑克遜一度感覺人生很失落。

大學畢業後，傑克遜在一家高級轎車銷售公司工作。前來購車的顧客對傑克遜的服務都感到滿意，認為傑克遜風度翩翩，並且容貌帥氣。就在傑克遜以為自己這輩子可能都找不到適合的另一半時，米娜出現了。

米娜是傑克遜在公司的同事，她和傑克遜同期進公司，雖然不在同一部門，但因為工作上經常有交流，所以米娜對傑克遜的每件事都非常了解。傑克遜有心臟病的事，米娜在知道後，並沒有因此而退縮，反而主動出擊。

傑克遜和米娜很快陷入了熱戀，兩年後，米娜答應了傑克遜的求婚。兩人婚後的生活也非常幸福。直到八年後，傑克遜因為一次心臟手術，在手術臺上再也沒有醒過來。

有人問早早失去愛人的米娜，是否後悔找了一個有嚴重心臟病的丈夫？但是米娜卻說，她從來沒有後悔過。

人在一生當中，很多時間都花費在尋找和保護讓我們自我感覺良好、感覺安全的人際關係。那麼什麼樣的人際關係是讓我們自我感覺良好，和有安全感的呢？那就是在愛情和婚姻中，尋找和自己的生活方式、生活理念具有一致性的另一半，簡單來講，就是找和自己相似的異性在一起。

這樣我們就能從他們身上看到自己的自我價值，這種鏡像式的自我肯定，滿足了潛意識裡面的需求，從而對生活滿意。就猶如米娜一樣，雖然傑克遜患有心臟病，但是她透過對傑克遜的了解，意識到傑克遜在生活方面，和自己幾乎沒有太大的出入，她和傑克遜在一起是安全和快樂的。

心理學家在對熱戀中的未婚男女進行研究時發現，把愛人理想化，有助於保持長久關係。即潛意識裡將所愛之人的觀念中，和自己的觀念中不同的地方進行虛構的想像，從而在潛意識裡修復兩人之間的距離，以達到關係的和諧。

比如《黑道家族》（*The Sopranos*）中的女主角，在得知自己的丈夫是黑社會老大之後，她選擇了假裝不知道，繼續以前的婚姻生活。

在愛情關係中，只有男女雙方才知道彼此之間的不足，旁觀者是無法看清楚兩人之間的差異的。中國人有夫妻臉這個詞，其真正含義是兩個人在一起生活久了，由於從生活習性到語言方式上都開始變得相似，所以會從靈魂（精神）的角度給外人一種錯覺，即這對夫妻越來越像一個人了。這也是愛情和友情的區別之一。

上一小節中，我們提到朋友之間有距離感，沒有生活在一起，所以性格迥異。朋友是單一層面上的興趣相合，說的粗糙一點就是朋友之間是陽春白雪，你知道他和你一樣喜歡聽老歌，卻不知道他上廁所時有什麼癖好，有什麼隱疾……而伴侶則可以不和你聽一樣的老歌，卻知道你睡覺的怪癖、上廁所的怪癖，甚至見識過你夢遊、磨牙等惡習。

在愛情的世界，從來沒有對錯之分，只有幸福與不幸福。當我們在見到這些和愛情有關的神邏輯時，不要輕易不屑一顧，因為它很有可能，真的有點意思。

同學甲：「劉老師性子真火爆。」

小明：「和她老公一樣，我爸和她老公是同學，我爸說，劉老師她老公小時候被稱為『暴龍』！」

媽：「你姊的性格越來越古怪了。」

小明：「還不是因為找了個古怪的姊夫，這叫不是一家人不進一家門。」

有人特別羅列了兩個人之間要產生愛情需要滿足的條件。當還只是喜歡的程度的時候：

- 人際吸引的雙方彼此有共同的理解。
- 喜歡的主體對喜歡的對象有積極的評價和尊重。

而當感覺從喜歡上升到愛情時：

- 依戀：孤獨時會高度刻意的去尋求戀人的陪伴和寬慰。
- 關懷與奉獻：非常關心對方的情感及其他情況；讓對方快樂和幸福是自己的責任；高度寬容對方的不足。
- 親密行為：最初的身體（手）接觸是高度依戀需求擴大後的反映，是對父母之愛的擴大。

整體來講，這一小節所說的神邏輯，從愛情的角度出發，探討兩個人的相似性的話，是正確的。但是也並不是就能夠直接成為真理，因為這條神邏輯所涵蓋的對夫妻之間的定義，只能說是我們日常生活中常見的。

我們不能忽視那些婚變，或者歷史上很有名的名人夫婦之間的愛情故事。從很多典型的案例中也可以看出，並不是夫妻就一定是互相神似的。以歷史上的帝后為例，比如漢武帝和兩任皇后陳阿嬌、衛子夫。

史書上有記載，陳阿嬌是長公主的女兒，從小嬌生慣養，後來當了皇后更是被漢武帝以金屋藏嬌許之，性格飛揚驕縱，甚至一度殘害後宮嬪妃；而到了衛子夫呢，史書上對衛子夫的記載大多是賢后，為後世女子的典範。

性格迥異的兩個女人，都是漢武帝的妻子。而漢武帝本人呢，是一代明主，但也好大喜功，到了晚年則猜忌追求長生。三個人的性格交叉比對，有重疊的部分，但是大多數還是互有出入的。這也表明，並不是看一個人的配偶，就能看出他（她）的性格。

也許會有人說，歷史上封建王朝女人本身就是附屬品，沒有獨立的人格，怎麼能作為典型案例呢？不說歷史人物，就說近現代的徐志摩和他的第一任妻子。徐志摩是少年才子，又早年出國留學，對於父母作主結婚的妻子從來沒有好感，回國後不久就和妻子離婚，也是當時中國第一樁現代意義上的離婚案。

後來與徐志摩性情相投的第二任妻子，不僅沒有他想要的獨立，反而在徐志摩出事後神色慌亂。再反觀當年由父母作主的妻子，不僅念及相識之情，包攬了他的身後事，後來更是成為有名的女學者，在國外創建的公司也是風生水起。

若要說徐志摩和第一任妻子有相似之處也是不對，因為兩人早早就離婚了；陪伴他最久的女人，反而性子柔弱經不起風雨。由此可見，並不是兩個人在一起，就性格相似。

人的性格，更多是受環境影響。那些漸漸在一起有夫妻臉，觀念相同的，只能說是兩人共同經歷過很多風雨，性格逐漸的轉變，透過不斷的磨合和融洽後形成的。這也從側面反映出，神邏輯的論調，大多數是單一方面引發的論調，具有非全面性，不經客觀實踐的考據等特點。

神邏輯謬誤

歧義謬誤（語義模糊）

用雙關語或者意思存有歧義的語言來扭曲事實。

你使用雙關語或者意思存有歧義（按：一個語詞因各人用法不同，導致語義含混不清而有多種解釋）的語言，當你被別人批評時，又利用這些有歧義的語言作為自己的擋箭牌。

例子：地上一隻猴，樹上 qi 隻猴，一共幾隻猴？（按：qi 讀音類似「七」，而這個問題題目因為存有歧義，所以答案可能為七也可能為八。若地上一隻猴，是指影子時，答案為七隻〔有七隻猴子在樹上，其中六隻躲起來，所以地上只有一隻猴子的影子〕。而若是指地上有一隻猴，樹上有七隻時，那答案為八隻）

神邏輯經典對話

我已經出門，就快到了，再等我五分鐘

萌妹和男友約好了六點半吃飯，結果男友等到了八點多她都沒有來。

男友：「妳到哪裡啦？」

萌妹急急忙忙的回答：「快了快了，我正在找我的鞋子。」

男友有些不耐煩：「半個小時前妳不就在找妳的鞋子了嗎？」

萌妹生氣回：「鞋子找不到，我有什麼辦法？你是在怪我嗎？」

男友連忙哄她：「沒有怪妳，找不到就換別雙吧！反正吃個飯而已。」

萌妹：「你還好意思說？如果不是你一直打電話給我，我怎麼可能會那麼慢，我不是說再等我五分鐘嗎？你那麼著急幹嘛？五分鐘過了嗎？」

說好去跨年，萌妹對著鏡子化妝，男朋友在一旁催促。

「快點，等會說不定會塞車。」

「別催啦！沒看到我正在努力的化妝嗎？再等我五分鐘就好了。」

五分鐘之後，萌妹還沒有好，男朋友哄她：「妳怎麼都好看，不化那麼仔細也好看的。」

萌妹：「都是你一直催我，才讓我失去平時的水準，不然我早就化好了。催催催，我不去了，你自己去吧！」

萌妹第一次去男朋友家，想打扮得體點，於是一直在糾結衣服怎麼搭配，妝容夠不夠精緻。

男朋友：「好啦，我父母其實很好相處，妳平時的樣子已經很漂亮了，不必這樣刻意打扮。我們趕快去餐廳，免得等會遲到了。」

雖然他們提早出門，但還是在父母之後到達餐廳。

期間萌妹一直表現得很好，離開餐廳後，萌妹不高興的擺起臭臉來：「你看看你，都叫你不要走那條路的嘛！我們來得那麼晚，你媽媽肯定不高興了。」

男朋友：「不會的，我媽不是那樣的人，剛剛不是還好好的嗎？」

萌妹：「你知不知道我多在意這次見面，都怪你，被你搞砸了。」

第五章

你問理由，他卻給你藉口

01 凡事有關係，就沒有關係

高陽和同同分別是系裡二班的班長和學藝股長，平時他們負責系裡的各種聚會活動，還會幫老師整理資料，並及時將學校的各種資訊回饋給大家。

大一第一學年結束後，學校開始考核獎學金。高陽的各科成績都非常優秀，好幾位科任老師都和高陽說，今年他拿全國優秀獎學金，基本上應該沒啥大問題。但是等到榜單出來後，高陽卻看到同同的名字寫在自己前面，將唯一一個全國獎學金的名額占走了。

高陽心中非常失落，忍不住躲到圖書館的廁所裡哭。沒想到，在圖書館廁所聽到了幾個學生的議論。

「聽說我們系上那個面癱臉的主任是同同的大姨。」

「哎，你這麼一說，我就什麼都明白了。」

「你明白什麼了？」

「當然是獎學金的事啊。我們班長高陽的各科成績都非常優秀，光是單科第一名就有四、五個，這樣還拿不到獎學金。再看那個同同，聽說她有一門課成績才剛好及格，還是走後門找老師改的成績呢。」

「唉，誰叫人家大姨是主任呢，要是我們背後有靠山，我們也能拿獎學金。」

送禮作為應酬的一種手段，在人與人交往這門溝通的藝術中，充當了一定的物質媒介。而這種講人情，攀關係的行為，都隸屬於應酬心理學的範疇。

在特定的情緒、環境或其他的條件下，作為主體的人，在心理的行為上，便會具有規律性和一般概括性的反應。

在現代社會紛繁複雜的人際關係中，這些反應也會隨著客觀事物的變化和人的情緒的變化而改變，即產生了應酬心理學效應。

應酬心理學包括了第一印象、定勢心理、推理、互補、吸引、需求等效應。

大學時聽說的這件事，後來根據知情人士透露，的確證實了同同的獎學金是因為她大姨的操作，所以將高陽排除在外，落在了同同的手裡。

這種送禮的事，通常十之八九有貓膩（按：不可告人的隱祕或曖昧的事）。所以在這一塊，她能夠拿到〇〇〇，是因為她送禮了，其實在很大程度上是依託了客觀事實。

迄今為止在很多偏遠地區，或者民風落後的社會關係之中，這一邏輯在被反覆實踐。而在規則紀律嚴格，知識水準高，講究公平公正的地方，這一神邏輯則經常被推翻。

阿德從小就崇拜員警、軍人，羨慕他們能夠拿槍保衛國家，所以在他考大學時，果斷報考了國防大學，並順利成為了一名軍官。

在軍校學習階段，阿德認真踏實，嚴格遵守學校的每一條紀律。有一次，阿德的室友王胖因為前一晚著涼而起床晚了，遲到被罰。另一個室友想要幫王胖解釋，反而被連長狠狠的罵了一頓。

這件事，一開始讓阿德等人覺得學校有點不近人情。然而當後來得知王胖的父親，竟然是經常在新聞上出現的大官，而連長、營長乃至院長都知道這件事，但是卻還是懲罰了王胖。這又讓阿德他們再次意識到軍隊中的紀律高於一切，同時又高興學校紀律嚴明，不搞關係。

古人喜歡說時勢造英雄。其實這句話還可以延展出很多種說法，比如環境影響著秩序；不同的氛圍營造不同的生活規則等。好與壞之間，從來都只差一個嚴苛認真的態度罷了。

社會心理學中經常提到，社會秩序對人的心理造成的種種壓力和創傷。那麼，這一神邏輯映射的種種問題，又何嘗不是另一種心理創傷的意識形態呢。

神邏輯謬誤

賭徒謬誤

認為隨機事件的發生和之前發生的事，是有相關性的。

有人在看到獨立的隨機事件（比如拋硬幣）時，總覺得會和前面的事情有相關性（前面連著五個正面，下一個肯定要是反面了）。

神邏輯經典對話

我跟你媽掉進水裡，你會先救誰？

萌妹和男朋友鬧彆扭，萌妹氣極敗壞的指責男朋友：「你不愛我！」

男朋友：「我如果不愛妳，怎麼會和妳在一起？」

萌妹：「那你怎麼證明你愛我？」

男朋友：「我每天都陪著妳，隨叫隨到、寸步不離、千依百順，難道還不能證明嗎？」

萌妹：「那是因為我是你的女朋友，誰是你女朋友你都會這樣做。」

和男朋友一起去吃大餐，男朋友讓萌妹點菜，萌妹看了一會後放下菜單，對男朋友說道：「我隨便什麼都可以，你點吧！」

男朋友隨機點了幾個萌妹常吃的菜。

上菜之後，萌妹：「怎麼吃來吃去都是這些啊！說好吃大餐，結果只是換了家店吃這些常吃的菜。」

男朋友：「不然再多點幾道？」

萌妹：「為什麼要再點？你自己點錯菜了還不能唸是不是？你就是不愛我，不然你絕對不可能這樣隨便點菜。」

萌妹要男朋友在社群發三遍愛自己，男朋友覺得很幼稚，沒有答應。

萌妹：「你為什麼不發？你是不是社群上有備胎，怕暴露了你已經不是單身的事實？」

男朋友：「我只是覺得這樣很幼稚。」

萌妹：「哪裡幼稚了？告訴所有人愛一個人是幼稚嗎？你覺得幼稚，那為什麼小徐他就發了呢！你根本就是不愛我了。我要分手。」

萌妹這週放年假，準備出去旅遊，想約男朋友一起去。但男朋友這週偏偏很忙。

萌妹：「你之前不是很閒，我一找你出去玩，你就沒有空，你是不是故意的啊？」

男朋友：「冤枉啊！這週剛好有合作商來考察，我得陪著。等下星期，我休假跟妳一起去好嗎？」

萌妹：「下星期？你怎麼不說等下個世紀呢！你根本就不是抽不出時間來，你就是不愛我，你要是愛我的話，客戶會比我重要嗎？」

萌妹想到一個人人都知道的問題，思索了半天，決定去問男朋友。

萌妹：「寶貝，如果我跟你媽同時掉進了水裡，你會先救誰？」

男朋友：「沒有這個如果。」

萌妹：「你在敷衍我，你不愛我。你必須回答一個。」

男朋友：「不然，我們先去學游泳吧？妳那麼善良可愛，學會了游泳，我們就能一起救我媽了。」

萌妹：「你不愛我！否則你怎麼不叫你媽去學游泳，嗚嗚嗚，我真是瞎了眼才和你在一起！」

其實萌妹平時乖巧、聽話、懂事、孝順，只有這件事，非得鑽牛角尖。萌妹最近逛街，看中了一套情侶裝，硬是要男朋友一起穿。

男朋友：「這衣服好幼稚，我好歹也是個主管，不適合穿這種。」

萌妹：「又沒有要你上班穿，我們放假時可以穿啊！你要不要穿嘛！」

男朋友：「真的……沒辦法接受。」

萌妹：「算了，你就是不愛我，你要是愛我的話，肯定什麼東西都想要跟我用情侶的，生怕別人不知道我們是情侶。你是不是喜歡上別人了，才這樣藏著、掖著？」

萌妹發訊息給男朋友，男朋友沒有回，她連續發了好多個，男朋友都沒有回。於是萌妹打電話給男朋友，電話也是無人接聽。萌妹一氣之下把男朋友的電話加到黑名單。

男朋友找到萌妹時，認真道歉解釋：「對不起，今天下午在開會，電話調了靜音，沒有看到，否則一定會回的。」

萌妹：「不要解釋了，你不回我訊息就是不愛我，鬼才知道你是不是真的在開會。」

02 永遠可以找到理由證明自己沒有錯

小時候，大部分人都會聽到爸媽議論某個同事或者某個朋友：要不是他媽是主任，他現在肯定混得不如我；後來上學了，則會聽到同學偷偷八卦：聽說她是校長的女兒，怪不得學校自助餐都算得比較便宜。

等到自己開始工作了，很可能就會從聽某人說，變成了自己說，比如進修名額被經理的姪女分走了，獎金被組長拿走了一大半……這些都可以腦補出各種神邏輯的話題：

老師：「上週的飛行模擬比賽，周同學獲得了特等獎。」

小明：「哼，還不是因為他爸有錢，給他買了最好的飛機模型。」

班長：「今天的辯論賽，紅隊獲勝。」

小明：「不公平，就因為他女朋友在紅隊，所以他評分時就偏向紅隊！」

老闆：「這次的人事調動，最終任命小劉為部門副理。」

小明：「還不是因為她是你小姨子。」

美國心理學家奈瑟（Ulric Neisser）將認知心理學的定義，分為三個層次：心理的、精神的、認知的。

心理的，指可以反應個體內心世界的變遷，是冷靜客觀，還是衝動主觀，當下立現。

精神的，主要是指思維上的思考方式以及語言思維的總結和運用，是話語概念和推理概念的指揮者。

而認知的，則是包含感性和理性的，在心理和精神的作用下，對得到的資訊進行處理和再加工後得到合理的結果。

在上面提到的話題中，其實都在堅守著一個不變的前提，那就是「我比他們都厲害」。同時，推理的走向也很單一，那就是找各種藉口或理由，證明勝過我的人，就算這次比我厲害，也依舊很弱。

這種行為模式，實際上源於內心自負、畏懼失敗，是這兩種情緒作用下的心理人格表現。一般信奉這類神邏輯的人，既對自己的能力十分的驕傲，又害怕失敗，會不斷的從協力廠商的角度給自己的失敗找理由。在職場上，這種人屬於那種善於推卸責任的人。

李陽剛畢業時，曾經和一個大學同學住在一起。每次生活中遇到需要兩人共同承擔的事時，這個同學就會開始找各種藉口，諸如：

「我今天加班，太忙了。」

「要不是我手受傷了，我肯定做得比你好吃。」

「不是我爭不過你，而是我度量大不願意和你爭。」

後來這個朋友終於搬走了，李陽當時內心鬆了一口氣。

遇到這種明明外強中乾，卻每次都要找各種藉口證明自己沒有錯的人，簡直讓人崩潰。在這類人的觀念中，「我就是比你強」的價值觀禁錮了他們的思維，在他們的邏輯觀念中，這一邏輯充斥在每一件事情中。比如：

甲：「我今天做的這道糖醋排骨好吃吧？」

乙：「還不錯，不過要是我做，會更好吃。」

甲：「你上次的比賽得了第二？」

乙：「嗯，要不是那天我拉肚子，第一肯定是我的。」

甲：「這次的朗誦比賽你準備得怎麼樣？」

乙：「我出馬還用準備什麼？我就是勝利。」

甲：「你姊這回羽毛球比賽得了第一，恭喜你啊。」

乙：「有什麼好恭喜的，她如果沒拿第一，怎麼能當我姊啊，應該的。」

甲：「你男朋友身材真好，每天都有鍛鍊吧。」

乙：「也不看看是誰男朋友，我的男朋友，身材能不好嗎？」

認知學上，最後提到的一個高級的心理過程是思維、推理和問題解決。這是因為事件發生在資訊加工鏈的末端，知覺和記憶根植於感覺和生理心理學的研究範圍之中，和神經過程有著緊密的聯繫；和思維、推理相關的認知活動，與任何神經加工模式都沒有相同之處，所以這種意義上的意識形態變遷過程，是認知學上最高級的一種。

而作為神邏輯的話語者，其產生和存在這種觀念的原因就在於，他們在處理事物的過程中，沒有正確認識到問題的表象和問題的深意，並且在大腦思維中沒有形成解決問題的概念，所以才會執著於表面的自我肯定。

社會心理學從研究人們如何看待他人，如何互相影響，以及如何與他人互相關聯入手，能夠解釋某些神邏輯產生的原因。根據社會心理學的各類研究資料和實驗顯示，所有神邏輯的產生，都是由於人的自我認知、人對客觀環境的認知有偏頗引起的。

神邏輯謬誤

樂隊花車效應（從眾效應）

因為很多人都在做同一件事（或相信同一件事物），這件事情就是對的。

一個事物（或觀點）的流行程度和它本身是否合理沒有關係。地球是圓的，在人們相信地球是平的時代，地球也是圓的，它才不管你信不信呢。

例子：看到《貨幣戰爭》那麼暢銷，小紅相信一定是羅斯柴爾德（按：Rothschild，羅斯柴爾德家族是十九世紀時，世界上最為富有的家族，同時也是世界近代史上最富有的家族）和共濟會（按：國際性的祕密互助團體）在背後操縱著整個世界。

神邏輯經典對話

我那麼喜歡他，他憑什麼不喜歡我

軟妹喜歡一個男生很久了，送禮物、送溫暖，幾乎把所有的時間和精力都放在了那個男生的身上。再一次表白之後，男生拒絕了她。

軟妹哭得撕心裂肺：「我那麼喜歡他，他憑什麼不喜歡我？冬天的時候我幫他裝熱水、送早餐，他打球的時候我幫他看衣服、遞水……。」

一旁安慰的朋友想開口，卻不知從何說起。

朋友跟一個漂亮的女孩相親，一見鍾情，覺得這就是他的緣分。沒幾天，就開始以別人的男朋友自居，好景不長，一個星期後，女孩打電話給朋友，意思大概是兩個人不適合。

朋友借酒消愁：「她明明沒有第一時間拒絕我，為什麼會這樣？」

我：「沒有拒絕也不一定就是答應，這不是只有兩個選項的選擇題。」

朋友：「你到底是不是我的朋友，我被甩了你還幸災樂禍是不是？你這人怎麼這樣……。」

說好的讓我分析原因呢？

蔡蔡苦追男神三年，情書日記寫了一堆，社群裡字裡行間都是他。她所有的朋友都知道這個不算祕密的祕密。

大學畢業那一天，蔡蔡終於鼓足勇氣跟男神表白：「我喜歡你。很久很久了，如果可以的話，你能不能也喜歡我？哪怕一天、一次、一秒也好。」

男神：「不好意思，我不喜歡妳。」

蔡蔡：「為什麼，我明明那麼喜歡你，你為什麼不喜歡我？我為了你，幾乎……。」

男神：「那是妳一廂情願，跟我無關，不是嗎？」

蔡蔡：「可是我喜歡的是你，感情付出的也是你，這就跟你有關了啊！你喜歡我吧！喜歡我也不會少一塊肉對不對？」

嵐嵐是個瘋狂的追星族，喜歡BTS很多年，但凡有他們的活動都一定會出現，但是她的這種行為，對別人和自己都造成了很大的影響。

粉絲A：「都說不能拍照了，妳為什麼要拍照？」

粉絲B：「這次是私人行程，不能接機，我們看看就好了，妳還衝上去尖叫。」

粉絲C：「妳又跟車了，都說過無數次了，這樣對偶像不好！他們會反感的。」

嵐嵐：「我喜歡，我高興，妳們管得著嗎？妳們有本事別追啊，默默喜歡吧！我能要到合照是我長得好看，我能查到私人行程也是我有能力，我跟車我有錢跟，妳們倒是去啊？沒本事就不要在那邊叫。」

這絕對是個自私的黑粉。

樂樂喜歡上了一個網紅小明星，每天發私訊、送禮物給小明星。小明星把貴重的禮物都退了，一些手工的留了下來，有時候也會在粉絲團跟大家打招呼，回答過樂樂的幾個問題。

隨著網紅小明星的成長，粉絲越來越多，樂樂跟小明星聊天的次數也越來越少。

樂樂：「小明星好久沒來群組了！是不是跟哪個女孩談戀愛去了？」

樂樂：「哎，我今天看到他發那個照片，看起來好幸福，我覺得他去談戀愛了。」

樂樂：「你們不覺得小明星很討厭嗎？那麼久都不理我們，我們那麼愛他，他憑什麼不理我們啊！」

後來小明星戀情被爆料了，樂樂開始在群組攻擊小明星：「小明星翻臉不認人，以前不紅時都跟我們聊天，現在紅了就不理人了，我真是瞎了狗眼，才喜歡他那麼久。他倒好，收了我們的禮物，享受我們的追捧，卻跟那種網紅談戀愛，他對得起我們嗎？」

粉絲A：「妳這樣就不對了，他從來就沒有收過我們的貴重禮物。」

粉絲B：「是啊，我們去探班，他還買水買吃的，生怕我們餓著。」

粉絲C：「他又不是妳的男朋友，他談戀愛喜歡誰是他的事，這都什麼時代了，還不許偶像談戀愛？」

樂樂：「我不管，我那麼喜歡他，他憑什麼不喜歡我，喜歡別人！」

後來樂樂被惱怒的版主踢出了粉絲團。

03 「要不是我……，你早就……」的神邏輯

「要不是我從小胃口不好，這次的大胃王比賽還輪得到你？」、「要不是我不喜歡他，妳和他能在一起？」、「要不是我拉肚子，這會早就把他打趴了！」、「要不是我告訴你看這本書，你能考第一？」

世界上真的有這樣一類人，無論他（她）走到哪裡，都愛表現自我的能力。好像任何事情，都是因為他的某些特殊原因，所以才會讓協力廠商獲得好結果。

一開始他（她）的這種習慣性行為不會被發現，甚至會有很多人對他們的某些指點報以感謝，但是當他們一次又一次的宣揚自己的能力和貢獻，並且這種自我宣揚還是透過貶低別人來實現，其本質的性格就會被越來越多的人發覺。

認知心理學家皮亞傑（J. Piaget）的社會心理學觀點指出：發展是由一個一系列帶有普遍性的階段組成規則的過程。

個體所處的環境在其發展中起著重要的作用。個體在環境的作用下，逐漸形成自己的認知結構，認知結構是溝通主體與客體之間的仲介因素，個性就是隨著認知結構的發展而形成。

人的認知、個性化都是隨著人的生存環境不斷發展和變化的。也就是說，能夠

有這種思想的人，他身邊一定充斥著很多具有相似觀點的人。也許一開始是這些人影響了話語者，而現在話語者又影響著更多的人。

具有這種神邏輯的人，一般生活上會經常遭遇不順。面對學習缺乏積極主動的態度，抱著得過且過的生活方式。一旦他的生活狀態受到影響，就會產生怨天尤人的想法。

這樣的想法，大多數都是從小被灌輸的。這和美國兒童發展心理學家柯爾伯格（Lawrence Kohlberg）研究中提出的——兒童對自己的社會地位、角色、經驗與他人有不同之處，於是就會調整自己與他人的關係；以及社會心理學中關於人的社會化的最新進展，即認知策略，所提出的理論依據都是相互吻合的。

認知策略：即透過與他人的接觸，透過大量的觀察，兒童逐漸掌握了關於他人在什麼情形下做出何種反應的知識，這就是認知策略。當這一認知策略影響到兒童行為時，它就成為社會化過程中認識上的仲介因素。

一般這類神邏輯的話語者，其原生家庭大多數就已經具備了這一邏輯觀念，從而從小影響著話語者。

他的父母，肯定有一方是對生活得過且過，並且經常抱怨，卻又自我認知良好乃至自負，遇到事情，都最先尋找他人的不對。這種來自於父母的言傳身教，更容易影響一個人一生的生活觀念和價值觀念。

幾年前在旅遊時，聽導遊講過一個故事。那是她帶團到某個偏僻的特色山區時，親眼目睹的一個故事。

悅悅從小出生在廣西的深山裡，因為她的父母一輩子沒有離開過深山，而她的父親，在村子裡面的地位超然，所以從小到大，不管發生什麼事，父親說的話，在村子裡就是神聖不可侵犯的。

而他的父親又是一個，遇到任何問題都能從他人身上找各式各樣理由，來證明自己有多厲害、多權威。而悅悅的母親，則是一個老實木訥的女人，從來不敢反駁她丈夫的話。

當悅悅離開村子到外面求學時，她便自認為外面的世界也和村裡一樣，每次遇到挫敗或者考試失利時，她都會下意識的去吹捧對方的能力，或者自我辯解今天狀態不好等，從未想過其實是自己技不如人。

後來，悅悅和一個外地的小夥子陷入熱戀，在相處中，小夥子發現悅悅的思維非常奇葩，什麼事都蠻不講理，最後忍無可忍和悅悅提出了分手。

導遊帶團過去時，正好碰到悅悅因為感情問題回到家裡。因為父親的絕對權威和母親的懦弱，所以當悅悅選擇她作為傾訴對象後，她很快就意識到了，悅悅在成長過程中遇到的這一問題，但是這種觀念的形成，想要改變卻十分困難。

悅悅所有的認知，全都是源自於她的父親，所以她並不覺得自己的思維邏輯有問題。

在她的價值觀裡面，世界應該是和她所在的村莊一樣的。而對於村莊而言，悅悅父親的那一套生活方式和觀念，其實和整個村莊的封閉有關，因為民風封閉，新思想傳播不進來，所以導致村莊中傳承已久的生存方式一直被保留。這種觀念，更像是封建社會等級制度下，根據人的身分來斷定話語的對錯。這一邏輯基礎，本身就和現在社會，實事求是，用事實說話的基本原則相衝突。

人的社會化理論，在心理學的發展歷程中不斷被修正，上述所引用的只是其中的一種論點。如果按照班杜拉（Albert Bandura）與沃爾特斯（R.H.Walters）所提出的社會學習論來看的話，悅悅的這種思維方式，如果能夠得到一定良性的知識架構的衝擊，是可以改變的。

因為這種邏輯理念，只是在個體的知識水準程度無法達到進一步思考狀態下，短暫存在的。

如果將每一條神邏輯，都對應到不同階段的人，設想其發生的社會環境，就不難發現，神邏輯的確能夠指引你進入到一個非常神奇的世界。

不僅社會具有萬千氣象，人在不同的社會環境下，也會透過發生各種改變，以此來適應環境的改變。而人的變化，則涉及到飲食、容貌、喜好、性格、思維方式等各種方面的變化。

◈神邏輯謬誤

竊取論點（乞題）

採用循環論證的方法，來證明一個被包含在前提裡面的觀點。

這是一種邏輯智商破產的謬誤，因為你把你的前提假設預設為真的，然後利用循環論證的方式來證明它。

例子：KengDie 教的經文（*KengDie Sutra*）裡面說的東西都是真理，因為在《*KengDie Sutra*》第一章第二段裡面就有提到了「KengDie 所述都是真理。」

神邏輯經典對話

來的時候還好好的，怎麼到了醫院就不行了！

安妮去醫院實習，看到一個醫生被病人家屬打得很慘，員警將打人的家屬和醫生都帶走之後，現場圍觀群眾還不肯散去，幾個病人和病人家屬在一旁竊竊私語。

圍觀路人Ａ，一臉氣憤的樣子：「活該！平時不好好學，把人給治死了，沒被打死償命就不錯了。」

圍觀路人Ｂ：「就是，來的時候人還好好的，怎麼到了醫院就不行了？不是這個醫生的問題，還能是誰的問題？」

安妮氣不過，走上前去跟他們理論：「手術本來就有風險，在這之前，醫生已經跟病人和病人家屬都說過這個問題。那個病人的病情以目前的醫療水準不足以治癒，這個手術只是改善病情的預後，預防併發症、延長生存期，病人和家屬也都簽訂了手術同意書的。」

圍觀路人Ｃ：「所以改善了嗎？延長了嗎？沒有的話，不就是把好好的一個人給治死了嗎？」

有錢買車沒錢修車嗎？沒錢就不要買

周宇最近很鬱悶，因為自己的車三番兩次被刮花，攝影機也沒有拍到什麼可疑的人，報警好像也太小題大做了。直到有一天，他碰巧撞見一個小朋友正在刮自己的車。

周宇抓住小朋友之後，幾番詢問，找到了小朋友家。

家長慢悠悠的打開了門，看了一眼，問：「幹嘛啊？」

周宇：「你們家的小孩把我的車刮花了。」

家長：「小孩子就是這樣的調皮，你以後有小孩也會懂的。」說著就要把小朋友拉到自己的旁邊。

周宇：「身為家長，你就是這樣教導小孩的嗎？先不說他到底刮了幾次、刮了幾輛車，你這樣輕描淡寫的就想糊弄過去？」

家長：「哎！你這人怎麼回事啊？都說了小孩子不懂事，你是不是想要騙錢啊？這世道怎麼了？有錢買車還沒錢修了？」

周宇：「我沒說錢的事，我就是想請你好好教一下小孩。」

家長：「我怎麼教小孩關你什麼事？你就是想騙錢，我跟你講，我也不是那麼好惹的。」

「捐錢」只是有錢人的洗白小遊戲

一個非常成功的人士在女兒出生的那一天，捐出了自己所有的股份，鍵盤魔人紛紛留言，對此發表自己的看法。周宇早上刷微博時看到了，驚嘆他的人品，同事卻在一旁嗤之以鼻。

同事：「你們這些人啊，就會被表面所蒙蔽，你知道他為什麼要捐那麼多錢嗎？因為逃稅！在M國，遺產繼承稅非常高，繼承到自己孩子身上的錢少得可憐，還不如捐出去，騙騙你們這些人。」

同事：「還有某某明星，她被黑了那麼多年，想博個好名聲，就去捐錢了。都是有目的的，這年頭誰會真的去幹這種事？」

網路上某專業人士揭祕：「你們知道什麼，這是變相洗錢呢，那些接受捐款的慈善機構也是他們的，到頭來錢還是自己的，還能博得好名聲。」

第六章

不檢討自己，反而先指點別人

01 為什麼別人可以，你不行？

上學時，經常聽到老師說：「這道題目不會的舉手？既然大家都會了，那就不講了。」還有的老師會說：「這道題目這麼簡單，連○○○都會，妳怎麼不會？」

還有，有的情侶之間，會有這樣的對話：「你看○○○的男朋友，那麼厲害，你怎麼不會呢？」、「妳看○○○的女朋友，每次出去都打扮得那麼漂亮，妳怎麼從不打扮呢？」

當然，更普遍的是，從小到大充斥在我們耳邊的父母的話：「你看人家芳芳、你看人家小明，人家能考一百分，你怎麼不能呢？」

這些話，你是不是經常聽到？是不是曾經一度因為這些莫名其妙的比較，心煩意亂。甚至有時候也會真的在潛意識裡進行自我比較，然後對自我產生懷疑，甚至失意？

有部很紅的陸劇《小別離》，劇情描述三個家庭面對孩子升學、留學、青春期的故事，感動了一大票人，更是讓很多走出校園的人，無限懷念以前的時光。

故事裡朵朵的好朋友琴琴是天生的學霸，每到各種大小考試結束之後，爸爸媽媽就會拿著她的考卷，指著琴琴家開啟碎碎唸模式：「你看看人家琴琴，這麼簡單的題目，閉著眼睛都能做出來，妳怎麼就不會呢？」、「妳看看人家琴琴，又當上了模範生，妳怎麼就當不上呢？」

按照這個劇本，我腦補了一下朵朵接下來的整個人生歷程。

職場上

朵朵好不容易熬過了學生時代，結果工作了之後，卻又碰上了另一個年輕有為的競爭者，變成了老闆經常在她耳邊碎碎唸：「妳看看人家小宇，同一個學校畢業的，人家會的妳怎麼不會呢？」、「這個案子，小宇一週就拿下來了，妳看看妳，都做半個月了，還一點進展都沒有！」

婚姻路上

這種生活，好像一直纏著朵朵，對她如影隨形，假日休息回到家中，又從學習變成了婚姻大事，「妳看人家琴琴，找的是留學歸來的有為青年，再看看妳，都二十七歲了還是光棍一個！」、「人家琴琴的孩子都上學了，妳還單身！」

雖然這幾個情景，只是我自己的主觀腦補。但換位思考一下，如果你的一生中不斷被這些比較包圍，你真的能夠活得舒心快樂嗎？很多心理承受能力差的，甚至會罹患很嚴重的心理疾病。

社會心理學上說，我們構建了社會現實。而在社會現實中，人們的直覺又是最直接最神祕的一種，因為人們常會透過直覺來規避一些危險，或者預測一些遙不可及的事情，並且會在未來的某個時刻，被證實這種直覺是正確的。

我們是社會性動物。我們的一言一行都是向他人學習，我們渴望彼此之間建立關聯，渴望歸屬感，渴望得到他人的好評。作為社會性動物，我們會對直接情境做出反應，有些時候，某個社會情境所具有的影響力，會引發我們做出背離自己態度的行為。

朵朵從出生之後，所處的環境就充斥著比較和說教，而且身邊依賴的父母、老師又一直透過貶低她，褒揚別人這一思維模式來對她進行教育。到後面的生活中，從父母、老師到職場上的老闆，都對朵朵充滿了不信任和比較，這讓她在不斷的自我認知中，形成了對自己失望，對自己否定的強烈情緒。

朵朵在這種生活中，其情緒變化肯定是不斷的在受傷和無力中交替。當悲傷的情緒達到飽和後，便會轉換到另一種對待生活的態度上。

其實，歸根結柢，當每個人擁有了獨立自主的生活能力後，便都是可以對自己負責的個體。有自己的生活選擇和原則，不需要外人來指手畫腳，或者以好心之名來進行橫向比較。

有些人在現實生活中人緣很差，能力也不強，正是因為他們無法認識到自我的不足，所以才會自信滿滿，以好心之名，不斷的去插手他人的生活。這樣的人，和那些經常好心辦壞事的人是一樣的。好心，並不能作為他們做錯事的藉口。人都應該正確認識自己的位置，不要隨便非議他人，更不要隨便干擾他人的生活。

神邏輯謬誤

合成謬誤

認為一個總體的某些部分所具有的特性，對於這個總體的其他部分也是適用的。

很多時候，對於一個組成部分存在合理性的事物，對於其它組成部分並不具有合理性。我們常能觀察到事物之間的一致性，所以當一致性不存在的時候，也會偏見的認為有一致性，也就是以偏概全。

例子：小紅買了輛自行車，當她看到自行車的座墊是人造皮（按：外觀、手感似皮革並可代替其使用的塑膠製品）時，她就覺得自行車的其它部位也是人造皮的。

神邏輯經典對話

你怎麼那麼小心眼，人家都結婚有小孩了

男朋友跟陌生女人約會被閨蜜看到，還舉止親密。萌妹當場打電話過去質問：「那個女人是誰？」

男朋友：「只是一個朋友啊！怎麼啦？」

萌妹：「一個朋友需要勾肩搭背的？還一起去看電影逛街？」

男朋友：「妳怎麼那麼小心眼？人家都結婚有孩子了，是不是跟妳在一起連朋友都不能交了？」

萌妹：「出軌還有道理了是不是？」

萌妹當場分手，封鎖不見，現任變前任。

男朋友最近神神祕祕的，萌妹趁機瞄了一眼他的手機，發現他正在跟一個女生聊天。

萌妹：「這是誰啊？」

男朋友：「哦，我同學的女朋友，妳也見過的，上次我們回國時不是才跟他們一起吃飯嗎？」

萌妹記得確實有這麼一個人，不過印象也不是很好就是了。

萌妹：「你哥們兒的女朋友幹嘛找你聊天？」

男朋友：「她要我幫她買一個包包。」

萌妹：「這樣啊！你把她的微信給我，買包包這種事我比你在行，我去問問她要什麼包。」

男朋友聽了之後卻拒絕了。「不用了，我都跟她說好了，下次回國時幫她帶。」

萌妹發飆了：「你不給我她的聯繫方式，你就是心虛，分手吧！」

萌妹交了一個新男朋友，新男朋友什麼都好，就是太「中央空調」（按：比喻對所有女人都好）了。萌妹實在忍受不了，打算跟新男朋友好好聊一下。

萌妹：「你能不能不要對所有人都那麼好？」

新男朋友：「但我對妳更好啊！而且我對別人好跟對妳好並不衝突，不是嗎？」

萌妹：「我就是見不得你對別人也好，如果你做不到就分手吧！」

萌妹的男朋友最近收到一件生日禮物，是一套貼身的衣服。

萌妹：「你媽媽送給你的嗎？真貼心，連你的尺寸都知道呢！」

男朋友不以為然的順口說道：「才不是呢！這是前女友送的。」

萌妹聽了之後瞬間就發飆了：「你為什麼還跟前女友聯繫？她為什麼要送你這個？你們難道還藕斷絲連嗎？你說啊！你是怎麼回事，我們在一起好幾個月了，你還沒有跟她斷掉？」

男朋友：「沒有啊！我沒有跟她藕斷絲連，我過生日她送我一件禮物而已，也沒有什麼的，寶貝，我發誓，我現在只愛妳。」

萌妹：「我才不信，你就是不愛我，你愛我的話，怎麼還會跟前任有聯繫？你看我跟前任聯繫了嗎？」

男朋友：「妳不要無理取鬧了好嗎？只不過是一套內衣！她都有男朋友了，怎麼可能還會跟我和好。」

萌妹：「所以她沒有男朋友的話，你就會跟她和好嗎？」

02 你這麼有錢，才捐這麼一點？

每次發生某些災害時，微博上瘋狂的出現了這樣一種現象。無數的網友@馬雲、范冰冰等諸多名人，並且在上面這樣寫道：

「@馬雲，如果這回捐款你不捐幾億，我以後就再也不用淘寶了。」

「@范爺，如果妳不捐幾千萬，以後都不看妳的電影了。」

諸如此類的言論，不僅沒有人意識到不對，反而被瘋狂的按讚，甚至不斷的躋身到熱搜排行榜。

網友們的「熱情」呼籲，看起來是為了幫助受災地區的民眾，很多人都自我榮譽感暴漲，認為之後這些名人捐出來的幾十萬、幾百萬都有自己的功勞。

然而，說出這種話，擁有這種神邏輯思維的人，簡直是連上帝都治不好的重症患者。我們甚至都可以不用理論，就能將這些邏輯言論反駁到底。如果你湊熱鬧說過這些話，亦或者你現在還覺得這些話沒有錯，那麼接下來請認真來回答一下這幾個問題：

- 你和前面的哪個人認識？

- 你在淘寶或者電影院一共花了多少錢？
- 受災民眾和上面這些人又有什麼關係？
- 受災民眾曾經對上面這些人給予了什麼樣的幫助？
- 馬雲或范冰冰等他們賺的錢是搶的、你們的、還是受災民眾的？
- 馬雲或范冰冰他們也是經歷過苦難，辛苦奮鬥，透過努力積累財富，他們具有對自己財富合理合法的使用權，你憑什麼去對別人的財富指手畫腳？
- 你自己捐錢了嗎？

你有能力捐款，想要盡一份棉薄之力，大家自然會記住你的好。但是你企圖打著對別人有利的旗號，胡亂去指揮他人的財富，這種行為跟強盜、土匪沒啥差別。除了這種利用救災捐款對名人進行道德綁架之外，還有各種奇葩親戚、朋友進行的人情綁架。比如：

小陳因為從小熱愛武俠小說，所以在網路小說流行時，開始認真的寫自己心中的武俠世界。

因為小陳踏實上進，在堅持了四、五年之後，他終於能夠憑藉寫東西養家糊口。就在這個時候，不斷的有各式各樣的朋友來找他幫忙。

「小陳，聽說你文筆好，能幫我寫個關於電子機械的論文嗎？」

「小陳，聽說你現在是大作家啦，正好有件事找你幫忙，我老闆要參加一個大會的發言，你能幫忙寫篇演講稿嗎？」

「小陳，我們公司最近正在進行一款產品的宣傳，你能幫忙寫個宣傳詞嗎？」諸如此類的求助，讓小陳苦惱不已。他大學學的是經濟專業，要他寫電子機械類的論文，簡直比寫天書還難。

加上小陳大學畢業後沒有工作過，一直都是靠打字為生，所以根本不可能了解公司的那一套體制文化。再說產品的宣傳詞，那可真難倒小陳了，對於這類需要腦洞創意的廣告行業，他這個完全沒有天賦也沒有興趣的門外漢，是真切體會到了隔行如隔山的痛苦。

然而當小陳拒絕這些人，或者勉強幫忙寫完之後，卻依舊沒有討好到。被拒絕的人開始私下說小陳耍大牌，「人家現在一字千金，想要他幫忙寫個東西，可得求人家。」「我看小陳的水準也就一般，他寫的那份講稿，還沒有我閉著眼睛寫得好，沒想到他這樣竟然還能成為作家，要是我也去寫的話，肯定混得比他更好。」

這種邏輯觀念，在日常生活中尤其普遍。說白了，其實是由於人的惰性和嫉妒心理造成的。原本屬於自己的工作或任務，自己不去做，找他人幫忙做，這是一種推卸責任，行為懶散的表現。

而當別人的幫助沒有達到預期效果時，求助者就會開始在潛意識裡幻想，如果是自己親自做這件事會怎麼樣。他們在說這些話時，完全沒有想過，既然你自己這麼厲害，當初幹嘛還要別人幫忙呢？

嫉妒起源於我們心理發育早期階段，是這個時候開啟的一種情感體驗。心理學家佛洛伊德認為，嫉妒是普遍的，不是因為它是天生就有的，或是因為它是不可避免的，所以沒有人能夠逃脫它。

它起源於我們每個人都曾有過的一些痛苦的童年經驗。一旦嫉妒在一個成人的心中激起，這些普遍的童年創傷就會被重新喚醒。

根據人們正常而普遍的體驗，我們認為嫉妒是存在我們每個人身邊的。實際上，佛洛伊德把嫉妒描述為「像悲傷這類可被描述為正常的情感狀態之一。」

根據佛洛伊德的觀點，如果一個人在其主要的關係受到威脅時，不會感到嫉妒，那他一定是不正常的。

這好比說，你極度關心的某人死了，而你並不感到悲傷，這樣的一種反應極可能意味著，此人正努力壓制嫉妒的感覺，向別人掩飾自己。

神邏輯謬誤

沒有真正的蘇格蘭人（訴諸純潔）

你提出了一個觀點，並受到別人的批評，你試圖透過修改標準的方式來捍衛自己的觀點。

修改自己的標準，以維護自己那有缺陷的觀點。例子：

小紅：「所有河南人都喜歡喝胡辣湯」。

小明：「我是河南人，我就不喜歡喝胡辣湯。」

小紅：「好吧，所有『真正的』河南人都喜歡喝胡辣湯。」

神邏輯經典對話

她不能沒有我，妳可以

琳達和傑瑞結婚三年，所有人都覺得傑瑞不可靠，不是個值得終身託付的男人，琳達卻義無反顧的嫁給了他。

最近琳達發現傑瑞神神祕祕的，去洗手間也要帶著手機，經常半夜三更回覆訊息。等她敏感的發現傑瑞出軌之後，為了家庭，她選擇了容忍，決定跟傑瑞好好談談。

琳達：「我們結婚三年了，加上談戀愛的兩年，一共五年。為了這個家，我努力的工作，甚至連小孩都不敢生，就怕會耽誤事業。難道這些犧牲還比不過一個你才認識不久的網友嗎？」

傑瑞：「是，妳是很好，就是因為妳太好了。妳可以自己照顧自己，妳有事業、有父母、有房、有車，可是她只有我。妳沒有我也可以活得很好，她沒有我活不下去的。」

小花跟芸芸是室友，兩個人談不上特別好，但關係也不錯。直到別人告訴小花，芸芸在追她的男朋友，小花這才意識到芸芸的危險。

小花：「妳不知道我跟他已經在一起了嗎？妳為什麼還要追他？」

芸芸：「你們又沒有結婚，為什麼我不能追他？再說了，我也沒偷偷摸摸的，我是公平競爭。」

小花：「可是我們在一起，妳追別人的男朋友就是不對。」

芸芸：「別以為我不知道，妳還有好幾個備胎，妳也不是那麼愛他不是嗎？既然妳隨時都準備放棄他，為什麼不把他讓給我呢？」

菲菲和詩詩同時喜歡上了一個學長，學長對兩個人都沒有表態，菲菲覺得肯定是詩詩的問題，於是找詩詩談判。

菲菲：「妳長得那麼好看，成績又好，為什麼偏偏要喜歡學長呢？妳能不能把他讓給我，我好不容易喜歡上一個人，我是真心喜歡他的，如果妳讓給了我，我一定好好對他。」

詩詩：「我也是真心喜歡他的啊！」

菲菲：「可是妳長得好看，成績也好，有一堆男孩子喜歡妳，就算不喜歡學長，妳也不缺人喜歡，妳能不能不要跟我搶了？」

詩詩：「不好意思，我不太能理解妳的歪理，我就是喜歡他，沒有人能替代。」

學長知道之後，果斷和詩詩在一起。

後來菲菲到處說學長和詩詩的壞話，說學長之所以喜歡詩詩，就是看在詩詩好看，成績也好，詩詩喜歡學長是因為學長有錢。

抄你是看得起你，是你賺到！

在文學界抄襲的案例屢見不鮮，有的作者哪怕官司輸了，依舊聲名大噪。作者A和B本是好朋友，經常一起討論故事的梗概，有一次B把自己寫的故事發給A，希望能如同往常一樣給自己意見，結果A一聲不吭的改了個名字就發到了網路上，還因此聲名大噪。

作者B去質問：「這稿子明明是我寫的，你怎麼可以這樣堂而皇之的剽竊呢？」

A：「稿子是你寫的沒錯啊！但是是我發到網站上，也是我的團隊做的推廣，因為我才紅的。況且我也沒照搬，我只是『引用』了一點！我引用是看得起你，你天天罵我抄襲，連帶自己也紅了不是嗎？不然誰知道你啊！」

查理的創意被維特抄襲，他憤憤不平的找教授舉報。

教授：「你說維特抄襲你的創意，有證據嗎？」

查理：「沒有，但是這個創意是我的，當時我跟他說過，而且我有在筆記本上做記錄。」

教授：「不管這是不是你的創意，但是維特提前你一步將這個創意落實了，現在他的這個 App 已經被所有人喜愛，你再怎麼說都是沒用的。你與其想要討個解釋，倒不如好好去思考一下，為什麼你有好的創意，卻沒有及時實施，讓別人鑽了縫。」

查理覺得他跟老師無話可說。

最近某部電視劇非常紅，然後被人爆料，說那本書總共抄襲了兩百多本作品，一時之間，文學界譁然，許多人紛紛加入了戰線，試圖要討個說法。

粉絲A：「為什麼當年沒有人舉報，現在卻都跳出來？還不是因為我們紅了。」

粉絲B：「就是啊！如果沒有這個電視劇，誰知道那些破書啊！」

粉絲C：「這些阿姨真是有夠厚臉皮的，真是會栽贓。」

後來這本書被證實確實涉及了抄襲。

粉絲又開始反駁：「你們管那麼多幹嘛？是抄你們的嗎？你們那麼厲害，怎麼不去抄啊！你去抄一本那麼紅的給我們看看？沒本事不要在那叫。搞得你們讀書的時候不抄作業一樣。」

某個綜藝節目最近超紅，超多人追劇。小黃也是其中之一，有一天他不小心點開了彈幕（按：在網路上觀看視訊時彈出的評論性字幕），發現好多人在彈幕裡互動。大部分人都在為演員們喝彩，也有人跳出來指責。

觀眾A：「你追的是個盜版的你知道嗎？這是抄襲人家H國的節目。」

觀眾B：「有本事你別看啊！」

觀眾C：「H國那麼厲害你去H國啊！幹嘛要生在我們國家，我們國家有你這樣的人，真是噁心。」

觀眾D：「呵呵，見不得我們好是嗎？H國動不動就說我們的東西是他們的，我們偶爾抄一下又怎麼樣了？他有本事就來告吧。」

觀眾Ｅ：「就是，我們就喜歡看這種節目，不想看就別看，支持國產！這種不愛國的狗趕緊滾蛋。」

03 你賺這麼多，卻連幾百塊也不借給我

對政治經濟學中印象最深刻的一句話就是：經濟基礎決定上層建築（按：在馬克斯主義中，經濟基礎指社會生產關係的總和。上層建築是指，建立在一定經濟基礎上的社會意識形態，以及與之相適應的政治法律制度和設施等的總和）。這一句話除了適用於大範疇的政治社會，也適用於每個家庭乃至每段人與人之間的關係。

富有的人，一般都有一套特別嚴謹的金錢觀念，他們將財富當作商品，在不斷的「交易」下，積累更多的財富。貧窮的人，大多數無法看透金錢也是商品的本質，他們更單純的相信錢就是錢，固定的存儲金錢。

對金錢不同的看法，便決定了他們使用金錢的觀念。富有者從使用金錢的基數上就不是一般人能夠企及的，他們利用金錢購買不動產、支持公益事業、做慈善，從而收穫名譽感和更深的影響力，為金錢的「交易」打通更加有利的關卡。

一般的平民老百姓，則利用固有的金錢生活，稍微樂善好施的在街上看到乞討者、賣藝者，放上幾塊錢，聊表自己的心意。

其實做公益慈善和在街上救濟他人，都是幫助別人的舉動。它們的性質一樣，

從來不會因為錢的多寡而再次被標上級別的標籤。所以從來沒有見過哪個富人會說，瞧不起那些在大馬路上給遊民幾塊錢的人。

但是，奇怪的是，有一些人，其固有的價值觀裡，卻會自動將自己的等級降低，並且透過和自己的財富比較，來表達對持有大部分財富的富人們的種種不滿，並且試圖用語言陷阱製造輿論，逼迫富人將手中的財富，以善意幫助的名義捐給貧窮的人。

在言論自由的當下，很多時候，這種公益需求逐漸成為大多數人無理取鬧，要求各種政要或富人，無故掏出大量錢財的道德枷鎖。部分民眾每每面對這樣的公益需求時，都會最先聲討那些公眾人物，發出諸如他那麼有錢，如果不捐個幾百萬，以後再也不喜歡他了；他可是○○○，如果不捐個幾千萬，以後再也不用他們公司的產品了。

諸如此類的言辭論調，不斷的衍生，不斷的層層遞進，到了日常生活中，對於一般的富人來講，就會頻頻聽到這樣的指責：「你這麼有錢，卻連幾百元都不給我。」、「你這麼有錢，賞遊民幾塊錢都不願意」。

很多時候，被譴責的人都是一肚子火。其實這種邏輯觀點，根本就是道德綁架，是「罪惡關聯」。

西方有學者定義「罪惡關聯」（guilt by association）的意義是，透過社會化的群體共同認可的某個觀點，來詆毀某件事或某個人。而這種罪惡關聯，最常見的就是在各種論壇、微博、朋友圈上面討伐明星、公眾人物或者某件事。

之前某地發生地震，各界愛心人士都發起了捐款。某公司CEO也捐款幾百萬元，結果竟然引起了民眾在微博上聲勢浩大的討伐，指責其捐款金額太少、太摳、沒有公益心、沒有慈善心等，一時間這一聲討竟然獲得了很多人的支持。並且還有人在下面留言說，如果不捐多少錢，以後就抵制該公司的任何產品。

善心這件事本意是好的，別人要捐多少錢也有綜合考量。對於每個普通人來說，幾百萬幾千萬都是一筆大數目。就算你譴責的是主體的公司，這筆錢對於公司來說沒有什麼，但是永遠不要忘了關注事情的本質。那就是——錢是人家的，愛怎麼分配，你沒有任何法律上或道德上的權力去評價。且慈善是出於好意，如果一場慈善救助被這樣的道德綁架，那麼就是社會道德上的重要問題了。

再說到具體生活中的貧富之間的道德譴責，那就更是操閒心了。真的，每個民眾的權利和義務都是相同的，不要將自己錯誤的邏輯觀念自主上升到道德的高度，從而去對他人進行社會綁架。

所以，一定要正確對待神邏輯的觀念，要透過現象看本質，尤其對於下面這些奇葩邏輯，一定要謹慎避免，不要踩到地雷：

- 他衣服上的一顆扣子都要幾千元，卻連一塊錢都不給街邊乞討的老人。
- 他吃頓飯都要四位數，卻從不捐款給社福單位。

- 某首富今年又淨賺〇〇億元，但是前陣子的地震捐款，他才捐十幾萬元。
- 小紅功課那麼好，卻從不借我們抄，真小氣。
- 小明去年是我們縣的長跑冠軍，這次學校有榮譽比賽，他卻不參加，真是有夠勢利。
- 我這麼窮，都還是經常接濟街上的遊民，而那些穿名牌的人，卻連一百元都不捨得掏。
- 人家撿破爛的還知道救助山區，那些住別墅、開豪華車的呢！
- 聽說那個三線小演員把所有的酬勞都拿來做慈善了，再看某巨星，真是相形見絀。
- 宿舍新來的小妹原來那麼有錢，聽說是富三代，可是她連一頓飯都沒請我們吃過。

青少年還不具有成熟的價值觀，所以大部分在網路上接觸到的神邏輯，會迅速根植進他們的價值觀之中，錯誤的引導他們對世界的認知。

劉斌從小生活在一個工人階級的家庭。父母都是工廠裡的工人，沒有特別大的權力，他們最喜歡在茶餘飯後八卦這個廠長、那個主任的不良作風，有時還會義正詞嚴的譴責某位主管和廠長貪汙等。

劉斌因此從小在腦海中形成了一個思維概念——工廠裡的廠長、主任都不是好人，他們貪汙受賄，還欺負基層的員工。

由於父母是孩子的第一任老師，所以劉斌在父母的影響下，價值觀念裡面對社會的認知便是複雜、恐怖，眼裡都是壞人。

當他開始工作後，潛意識裡認為所有的主管和高層，背後都在做著見不得人的事。所以當上級主管下來視察時，他竟然偷偷的寫舉報信檢舉總經理等一干人。他的檢舉信，引起了上級主管的注意，但是當投入了巨大的人力、物力、財力進行調查後，卻發現該公司的總經理以及各單位主管，都沒有任何貪汙受賄的紀錄，反而兢兢業業，為公司做出了很多貢獻。

最後，由於劉斌不講究證據和事實的舉報行為，給公司造成了不小的影響，所以被告上了法庭，經過審理，劉斌因誣告他人被判了刑。

劉斌認為有錢人都是壞蛋，所以舉報他們，他完全沒有意識到這只是自己的主觀臆測，沒有任何客觀證據。自從人類開始群居，有了社會意識、階層意識。直到現在，不管是哪個國家，都沒有實現過財富的大平均。

貧富差距的現象，是現今經濟水準和社會制度共同作用下的結果。這種情況在未來的很長一段日子裡還會繼續存在。這種神邏輯的觀念，也並不會在一時半刻之內消失，反而會隨著貧富差距的變化，此消彼長，不斷的變換出不同的表現形式。

我們必須時刻保持警惕，用科學的眼光來看待這一神邏輯背後的問題。

◈神邏輯謬誤

起源謬誤（基因謬誤）

透過一個事物的出身來判斷它的好壞。

你試圖逃避正面的討論，而轉而討論事物的出處。這種做法和人身攻擊類似，都是想試圖透過已有的負面印象來從側面攻擊對方，卻不能正面的回應對方的論述。例子：

小明：「我不喜歡喝胡辣湯。」

小紅：「你是河南人，怎麼會不喜歡喝胡辣湯？」

神邏輯經典對話

天涯何處無芳草，何必單戀一枝花

A喜歡系裡的系花，苦追了四年無果，眼看就要畢業，A如熱鍋上的螞蟻焦急不安，心裡盤算著要不要去系花的家鄉找工作。

同寢室的室友勸他早日放棄，其中一個說道：「天涯何處無芳草，何必單戀一枝花？換一個喜歡就是了，你那麼好，為她付出了那麼多，她不喜歡你是瞎了眼。」

A苦笑。

室友B：「有什麼好勸的，要我說，一疊錢砸在那女孩臉上，就不可能不答應。別講這些虛的，你喜歡她不就是衝著她長得好看？她不喜歡你是因為你沒錢，人家也沒錯啊！」

小明最好的哥們兒阿陽失戀了，大半夜把小明叫出來，兩個人一起吃燒烤喝酒，折騰到了凌晨三、四點，阿陽還是一副悶悶不樂的樣子，死活都不讓小明回家。

小明沒辦法，只好勸他：「沒事，分手了再找一個就是，又不是什麼大不了的事。對吧？」

阿陽：「那是因為你從來就沒有談過戀愛，站著說話不腰疼，你分一個試試？」

小明：「我沒有談戀愛怎麼分啊？」

阿陽：「所以說啊你都沒有談過戀愛，怎麼就知道這沒什麼？」

小可跟王思分手了，在一起七年的點滴回憶讓她痛不欲生，因為無法接受這一現實，所以她患了嚴重的憂鬱症，必須靠藥物才能入睡。

閨蜜：「妳怎麼能為了一個男人這樣自暴自棄，妳這副模樣怎麼對得起妳的爸媽？」

小可：「我也不想，但是我真的忘記不了他。」

閨蜜：「這世上三條腿的蛤蟆難找，兩條腿的男人還少嗎？妳趕緊給我振作起來，沒了這個，還有一大片森林等著妳。」

瀟瀟跟阿琳同一個宿舍，從阿琳搬進來，瀟瀟就很不開心。因為阿琳渾身透著一股窮酸味，畏畏縮縮的，在老師和男同學面前格外柔弱，一副好像被地主壓榨的可憐勞工模樣，實打實的白蓮花類型。

瀟瀟因此慫恿其他室友冷落阿琳，相安無事過了半個月，阿琳突然跑到老師那裡告狀，說瀟瀟偷了自己的東西。

阿琳：「老師，這是我媽媽存了好久的錢，才買給我的生日禮物，您一定要幫我找到，我家裡經濟狀況不好，這個手錶對別人來說很普通，可是對我……」說著就泣不成聲了。

瀟瀟：「妳也知道那手錶根本就不值錢，我幹嘛拿？」

阿琳：「妳就是見不得我好，之前你要室友們都不要理我，我沒有怪妳。妳平時在寢室裡聽歌玩線上遊戲，聲音那麼大，影響我學習，我也讓著妳。但是，這個手錶對我來說真的很重要。」

瀟瀟氣得半死。

其他室友勸她：「妳就讓她找吧！身正不怕影子斜。」

老師：「是啊，找一下也沒有關係。」

瀟瀟不得已，只好讓阿琳和老師翻找自己的床鋪。事後當然沒有找到那個手錶，瀟瀟以為自己洗清了冤屈，沒想到阿琳反咬一口。

阿琳：「沒有找到就等於沒有拿嗎？這手錶對瀟瀟來說還不如一個遊戲道具值錢，肯定直接丟掉了，瀟瀟，我求求妳告訴我這個手錶丟到哪裡了，我真的不怪妳，妳還給我好嗎？」

珠珠覺得自己的男朋友腳踏兩條船，找來閨蜜，從各個小細節分析，活脫脫一個女版福爾摩斯。

閨蜜：「其實還好啊！我覺得華仔不是那樣的人，妳肯定多心了。」

珠珠：「妳知道什麼？他以前手機從來不上鎖，最近不僅上鎖了，上洗手間也帶著。」

後來珠珠決定跟男朋友攤牌。

珠珠：「你最近怎麼了？是不是不喜歡我了，如果你不喜歡我，跟我直說就好了，不必這樣，好聚好散。」

男朋友：「沒有呀，妳想太多了。」

珠珠：「我不信。」於是男朋友為了證明自己的清白，把手機交給珠珠，並且跟珠珠二十四小時不離身。

這樣度過了好幾天，珠珠沒有找到任何的蛛絲馬跡，男朋友以為自己的嫌疑洗脫了，結果珠珠還是決定跟他分手，理由很簡單。

「沒有找到蛛絲馬跡就等於沒有腳踏兩條船嗎？」

夏夏平時不修邊幅，加上頭髮有點天然捲，看起來亂糟糟的。同學們本來就不太喜歡她，一直有意無意的疏遠她。

夏夏為此很苦惱，於是在集體出遊時，主動跟同學說話聊天。本來還好好的，一個同學得知自己跟夏夏睡一個房間之後，吵著要換房間。

同學：「我不管，我就是要換房間，我才不要跟她一起睡。」

老師：「這都分配好啦！一起睡也沒關係的啊！大家都是同學嘛。」

同學：「我就是不要跟她一起睡，她家是開寵物醫院的，她身上肯定好多跳蚤，就算沒有跳蚤肯定也有細菌，我不要。」

夏夏：「我都不去家裡的寵物醫院的……。」

同學：「不去就沒有嗎？你爸媽有的話，妳身上肯定也就有了。」

第七章

世界從不會按照你要的劇本開拍

01 我該做的都做了，為什麼還是沒用

浪漫主義，產生於中國遠古先民時期，詩經中關於對美好生活和美好愛情的嚮往，都是浪漫主義的表現形式。到了屈原創作的《離騷》，浪漫主義則正式登上了文學的理論殿堂，並先後經過李白、蘇軾等無數大家的傳承。

前面這些是文學上的浪漫主義。那麼心理學上的浪漫主義到底指的是什麼呢？

石月是生物學系的一名學生，成績優秀。期末前，石月被輔導員單獨叫到辦公室，輔導員囑咐石月，好好準備相關資料，這次的「優良大學生」非她莫屬。石月在自豪和激動的同時，也按照輔導員的叮囑，認真的準備了各種資料，在期限之前交了上去。

然而，第二學期開學回來後，學校公布優良大學生的名單，裡面卻沒有石月的名字，而是班上另一個男生獲得了這個榮譽。石月心中失落難過，最讓她想不通的則是，明明輔導員已經說過了，肯定是自己，為什麼還會變成別人？她甚至開始懷疑是不是學校弄錯了名單，或者是學校交錯了資料？

為此，石月一遍又一遍的打電話給學校的相關部門，甚至還打了電話給教育

局。石月的舉動最終驚動了校長，校長了解情況後，狠狠的罵了輔導員的這種不負責任的行為，並且告訴石月，優良大學生的評選很嚴格，會落選一點都不奇怪。

但是，石月卻無法接受學校的說法，甚至開始出現暴躁憂鬱，懷疑人生、懷疑社會的傾向，嚴重影響了她的學習生活，最後被學校強制休學治療。

這個故事的當事人，就是典型的浪漫主義邏輯觀念者。他們對於自己所做的每件事，都抱著一種必然會成功的理念，不去考慮任何意外的可能性。這種想法，是極其極端的，最容易導致人的精神崩盤。

當浪漫主義邏輯觀念者的某個觀念，被客觀現實中呈現出的其他結果打破時，就到了他們開始焦慮暴躁，甚至自我懷疑的時候。

這種浪漫主義的邏輯觀念，在大範疇上來講，也包括白日夢、幻想一夜暴富等情況。雖然這些和我們講的神邏輯話語形式有所出入，但是其本質的內涵是一樣的。而且按照神邏輯的語言規律，其實關於白日夢，或一夜暴富等不切實際的幻想類的浪漫主義觀念，我們也能夠找到它的文字表現形式：

- 書上說了，只要每天堅持買彩券，總有一天會中獎的。
- 人總是要有夢想的，說不定哪天會成真呢。
- 按照機率論的計算，我還是有機會成為富翁的。

- 這道題目老師說過是重點，考試肯定會考。
- 他明明說愛我，為什麼不和我結婚？
- 風水大師說了，我將來會嫁給明星，肯定會。
- 我這麼喜歡他，他肯定也喜歡我。
- 老闆說的計畫案，我都一步步做了，這個案子肯定沒問題。
- 醫生說只要吃這個藥就會好，我肯定會好的。
- 我媽說胖才好看，為什麼我都這麼胖了，我的男神還是不喜歡我？

這種浪漫主義的邏輯觀，其實還可以被定義為「稻草人謬誤」（可參考第二十三頁）。即有意的模仿他人論點，而其得出的論點實際上和本身引用的論點有本質的出入。是一種根據個人觀念導致的扭曲、錯誤引用、曲解或將對方立場過分簡單化，因而導致的謬誤。

稻草人謬誤，一般都是由於有該觀念的人，本身的思想和價值觀過於理想化，不切實際，沒有從事實出發，從而得出的結論比真正的結論荒唐很多。

講一個比較有趣的事，當年達爾文提出進化論時，曾經講過這樣一段話：「人類和黑猩猩在數百萬年前擁有共同的祖先。」等到這段話被反對達爾文理念的對手聽到後，對方大肆宣揚這段話，逢人便說：「達爾文說，我們都是從那些只會傻乎乎的，抱著樹枝亂晃的黑猩猩進化來的。」

對方因為想要反對達爾文提出的理論，所以其本質是從自己要反對的立場出發，完全沒有認真看那段話，理解其真正含義，就對別人大肆宣揚自己的理論。

這件事，其實和我們生活中經常碰到的這些浪漫主義的邏輯問題是相同的。不過我們常見的浪漫主義的邏輯謬誤，大多數是放大他們心中某個理論產生的美好效果，從而對一件事的預期過大，當事實和其預期有所差距後，當事人的內心會形成非常嚴重的落差。

上學的時候，每年有獎學金和國家獎學金。聽學長或其他學校的人說起國家獎學金，都是上千上萬元的。一開始，筱筱努力學習，成績優秀，就是為了能夠拿國家獎學金。但是後來真的獲得了國家獎學金後，發現到手的錢和心中預期的錢差距很大，筱筱一度懷疑是輔導員，乃至學校汙了她的獎學金。

實際上，因為學校與學校之間的等級不同，申報的獎學金項目也各有出入，所以錢的金額上也有多有少。但是筱筱一直不願意相信這個事實，後來經常和別人抱怨，說學校和老師的壞話，對學校有諸多的懷疑和不滿。

筱筱這是典型的一開始陷入了浪漫主義的邏輯謬誤中，對獎學金的數字進行了自我定義和放大，在這之後當實際獲得的少於其心理預期的，又沒有及時客觀的認識到自己思想上的誤區，這種錯誤的認知在她的價值觀裡面越陷越深，到最後甚至演變成了對學校和老師的譴責。

我們在平時的日常生活中，一定要注意並隨時警惕，不要讓自己成為下一個浪漫主義邏輯思維者，因為這一邏輯謬誤所造成的傷害，大多數是回饋到發聲者本身的，會影響正常的社會生活，同時害人害己。

神邏輯謬誤

非黑即白（假兩難推理）

把黑和白作為僅有的可能，卻忽略了其它可能性的存在。

使用簡單粗暴的假二分法，來掩蓋其他可能性的存在。試圖透過非黑即白的選擇來誤導討論，破壞辯論的建設性。

例子：在談到反恐戰爭時，總統說如果你不支持反恐戰爭，你就是支持恐怖分子。

神邏輯經典對話

你的青春被狗吃了嗎？

安妮從小家教就非常嚴格，每一件事都是父母決定的，就連穿什麼色系的衣服，也是媽媽做主。因此，她的朋友都十分看不起她，經常取笑她。

朋友A：「安妮，妳每天這樣活著有什麼樂趣！」

朋友B：「是啊！妳才二十歲就每天過著八十歲的生活，妳活著還有什麼意義？」

朋友C：「妳不約會、不談戀愛、不喝酒、不抽菸、不叛逆、不追星、不出去玩，就為了讀書。妳在糟蹋妳的青春。」

朋友A：「就是啊！妳這樣無趣，妳的青春都被狗吃了吧。」

一碗泡麵兩種下場

小明最近老是吃泡麵，媽媽看到了氣得罵了他一頓：「你看看你，老是吃泡麵，難怪那麼瘦，你知不知道泡麵一點營養都沒有，再吃下去，你就剩皮包骨了。」

小明：「可是小胖也吃泡麵，也沒見他變成皮包骨啊。」

媽媽：「小胖老是吃泡麵這種垃圾食品，當然會越來越胖了。你什麼不學，學他吃這種東西。」

所以泡麵到底是發胖的原因，還是變瘦的罪魁禍首呢？

剛上大學那時，寢室裡有一個北方來的室友，一整個冬天都沒見他洗過澡。有潔癖的小軍對他說：「你怎麼能不洗澡呢？不洗澡多髒啊！」

室友：「髒嗎？我不覺得啊！我怎麼可能髒呢！髒的是你吧！」

小軍：「我天天洗澡怎麼可能會髒。」

室友：「你要是不髒的話，怎麼會天天洗澡呢？」

02 我付出這麼多，肯定會有回報的

白芳是著名的學者，她在教育自己的學生時，一直採取開明的政策。但是每當回家後，面對自己的兒子，卻會給他分配額外的課業，每一步都是依照制定好的計畫來執行，因為她堅信只有這樣，自己的兒子才會成材，才能夠順利考上國外的名校。她的兒子也沒有辜負她的用心，在學校的每次考試中都取得了優秀的成績。

轉眼就到了國中升高中的考試，上考場前，母子倆都抱了極大的信心。但是等到最終考試成績出來，兒子的成績卻意外的差，這給白芳帶來了很大的打擊。看著一臉愧疚的兒子，她不忍心責問，卻又不明白到底哪個環節出了問題，為什麼平時考試都能輕鬆應對的兒子，卻在關鍵一戰中慘遭滑鐵盧？

白芳在苦尋不到原因的情況下，開始質疑自己以前對兒子的教育，懷疑是自己的教學方法出了問題，甚至想要完全推翻以前的計畫，制定新的學習課程。可是在這個過程中，由於上一個計畫在結果上被否定，所以白芳對於第二個不再那麼有信心，開始焦慮起來。

唯物主義辯證法認為事物的發展不是一成不變的，而是在曲折中前進，不斷的向前發展。白芳老師因為兒子的失敗，懷疑自己制定的計畫是錯誤的。對計畫的反思過程和初衷本身是好的，但是全盤否定，則是陷入了浪漫主義邏輯的結果論中，即陷入了嚴重的自我懷疑中。

浪漫主義邏輯思維，一開始是激發人去做某件事的動力，既有好處也有壞處。

- 為了這次考試，我把整套試卷都做了，我肯定能考滿分。
- 聽過李老師的講座，肯定能夠考上清華。
- 按照總經理的計畫走，我們肯定能升職加薪。
- 網友說這樣做可以減肥，我們照做就好啦，肯定能瘦的。

在社會生活的各個方面，都有這一神邏輯的變形。西方提出了這樣一個理論，即「訴諸無關權威」。指的是很多堅定遵循的方式方法或事實真相，都是源於大眾認可的其它更有權威的人所下的定義。一般來講，這種訴諸權威下的各種說法，大部分是對的，是獲得公眾認可的。

比如經常可以在網路上看到有關健身養生、參禪論道、保健醫療等各方面的小知識，都會標注著「百科全書」、「某主任醫師」、「古傳配方」、「科學家」等各式各樣的權威頭銜，從而獲得民眾的認可和接受。

甚至我們日常熟知的，地球圍繞太陽轉，我們身處銀河系，日心說，原子和太陽系……這些從小在課本上了解的知識，在我們大半的生命過程中都不會產生質疑。因為這是課本上講的，是全球都通用的社會常識。

在這種潛移默化的情況下，幾乎所有人都會遺忘一件事——即這些科學常識也是人類發掘的，並且在其發掘之初，因為和原來的常識有差異，甚至是在很多人的鮮血的灌溉下，才得以傳播，最後逐漸形成了我們現在對世界認知的理論構建。

當然，說這些肯定不是想要引發什麼壯觀的社會革命，而是想和大家說，如果是訴諸真正的權威，那麼根據權威前提下得出的結果多半是正確的。可是如果是訴諸無關權威，那麼就很可能又是一場毫無懸念的神邏輯。所以權威的有關和無關性的判斷就極其重要了。

像我們上面所說的網友、李老師、總經理，他們在某些時候能夠稱為權威，但並不是絕對的權威。因為他們獲得認可的都是固定範圍內的，他們說的話只代表極小的一部分人的意願，並不是大眾共同認可的權威。

所以如果什麼事都將他們的話作為權威來執行，很可能引發更多滑稽又令人沮喪的神邏輯災難。

關於訴諸無關權威，雖然我們現在更常見到的是訴諸人身（可參考第七十七頁），但是其實還有訴諸於古代智慧等這種情形下的行為誤區。比如風水算命等，到現在為止，還是有很多人相信風水一說，相信鬼怪、輪迴報應。很多時候他們行事就會按照風水或神仙鬼怪的提示去做，結果遭受人身或財產的損失。

神邏輯謬誤

訴諸權威

利用一個權威人物（或機構）的觀點來取代一個有力的論述。

要證明一個觀點，只是摘錄別人的觀點是不夠的，至少要知道所提到的權威為什麼有那樣的觀點。

因為權威人物（機構）也是會犯錯誤的，所以不能無條件的假設合理性。當然，權威人物（機構）的觀點有可能是對的，所以不能只因為對方使用了訴諸權威的謬誤就認定這個觀點肯定是錯的。

例子：小紅不知道怎麼反駁進化論，於是就說：「我老公老孫是大科學家，他覺得進化論是錯的。」

神邏輯經典對話

反正早晚會分，不如現在分

萌妹和男朋友分手了，宿舍裡其他的室友們很不解，畢竟兩個人的感情沒有什麼大的問題，除了偶爾的小打小鬧以外，其他一切順利，在外人眼中也是郎才女貌，登對得很。

前男友找來宿舍，一雙眼睛紅紅的，顯然不捨：「妳為什麼要跟我分手？是我哪裡做得不好嗎？如果是的話，我可以改的。」

萌妹：「沒有啊！你挺好的，我現在提出分手，只是因為我覺得以後你可能會跟我分手。我不想做那個受傷的人。」

女朋友打電話要分手，大衛不知道自己哪裡做錯了，以為女朋友只是鬧脾氣，於是低聲下氣的哄了她半個多小時。

女朋友：「不好意思，我們真的不適合。」

大衛：「為什麼？我們不是都一直好好的嗎？如果我哪裡做錯了，妳告訴我，我改好不好？」

女朋友：「你並沒有做錯什麼，我只是覺得我們現在還小，等你以後進入了社會，遇到了更多的人肯定會跟我分手的，與其這樣，還不如我先提出來，長痛不如短痛。」

靜靜今天過生日，男朋友想給她一個驚喜，於是拉著靜靜的閨蜜策劃了一場盛大的求婚。

在氣球圍繞之下，靜靜顯得特別冷靜。

男朋友：「靜靜，嫁給我吧！我會一輩子對妳好的。」

靜靜：「對不起，我不能答應你。」

男朋友沒想到靜靜竟然拒絕了，以為是自己的行為太過衝動，給靜靜造成了麻煩，於是冷靜了幾天之後才去找靜靜。

靜靜：「我們已經分手了，以後還是不要見面了。」

男朋友：「我們什麼時候分手了？而且，為什麼要分手？」

靜靜：「我覺得你太浪漫，書上說這樣性格的人不適合結婚，只適合談戀愛。你一心想要結婚，所以還不如先分手。」

道理他都懂，但是……現在是什麼情況？

靜靜最近交了一個很帥的男朋友，宿舍的室友就開始說靜靜膚淺。

室友A：「○○是校草，肯定非常多人喜歡，這種人最容易出軌了，妳是不知道現在的女孩子臉皮有多厚，才不管你有沒有女朋友呢！」

室友B：「是啊！妳還是趕緊跟他分手吧，長得帥的人都不可靠。」

室友C：「長得醜的人也不見得可靠吧？」

靜靜：「你們不懂了吧？這長得帥的比長得醜的出軌機率低很多，為什麼？因為長得帥的都經過了大風大浪，喜歡的人多，精挑細選才選定的一個女朋友。長得醜的就不一樣了，沒有人喜歡，所以一旦有女人喜歡他，他就會立刻出軌，以證明自己的魅力。」

03 如果我夠好，他一定會喜歡我

娜娜的父母都是大學老師，從小家裡就很開放民主。有什麼事情，爸爸媽媽都會和娜挪一起商量決定。並且也從來不會阻止娜娜看課外書、參加社交活動等，這樣不但沒有影響娜娜的學習，反而讓娜娜的眼界更加開闊。同樣一件事，娜娜的想法總是會比同齡人更成熟。

娜娜高中時，有一個各項成績都很好的男生，偷偷向娜娜表白。雖然娜娜也對這個男生有好感，但是她還不能確定這是不是愛，所以非常主動的和媽媽說了這件事，並且表示不會答應男生提出的請求，但是想要和男生做好朋友，互相幫助。

媽媽只是對娜娜強調了男女之間應該保持適當距離，除此之外，完全相信女兒自己能處理好這件事。就是因為父母的這份信任，娜娜對青春期懵懂的異性好感做了很客觀、很理智的選擇。

大學聯考過後，兩人分別考上了自己喜歡的大學，而且不管是男生還是娜娜都發現，彼此間只有敬佩和欣賞，並沒有其他的想法，兩人最終成為了好朋友。

再看一個屬於浪漫主義心理的故事：

趙賀是一個性格內向敏感的女生，因為父母的婚姻經常出現爭吵和矛盾，所以她很沒有安全感，並且導致對學習無法集中注意力。國中畢業後，勉強在老家找了一份工作，過著簡單的生活。

小時候，趙賀經常看到父母吵架之後，母親哭著做父親喜歡的菜，穿上父親喜歡的衣服，然後乞求父親原諒。這些事，在趙賀的心裡留下了很深的印象，因此當趙賀遇到了自己喜歡的男生後，她的第一反應就是效法父母的行為，拚命討好男生。在她的認知裡，這種行為，肯定能夠得到回報。

沒想到，幾次遇到喜歡的男生，最後都沒辦法在一起。這讓趙賀越來越內向，對自己也產生了深深的懷疑，最後甚至開始恐懼和異性相處，她認為一定是自己有什麼難以啟齒的性格缺陷。

從娜娜和趙賀兩個人的經歷不難看出，兩人各自對待愛情的方式，其實和父母親的相處模式有著很大的關係。因為我們每個人獲取到的第一愛情觀來自於父母。生活上的矛盾和爭吵，會影響人的學習和性格的養成，處於一種不安全的生活環境下，人會變得自卑、內向，甚至無法集中注意力學習。而在溫暖開明的生長環境下，人能夠快樂的學習新知識，也會對世界充滿期待。

在邏輯學中，有一個叫做「肯定後件」的典型邏輯錯誤，即當A能推出B時，便斷言B也能推出A。比如，如果上過商業學院的人都能夠成為成功的商人，那麼

○○是成功的商人，說明她一定上過商業學院。

乍一看，這句話的推理過程並沒有什麼問題。但是細細思量，就可以發現這句話裡面的「因」都和得出的「果」沒有直接關係，甚至不足以支撐嚴謹的科學論證。這些，都是屬於邏輯思維中的邏輯謬誤。

所以「如果我如何如何，某某一定就會喜歡我」這一具體的神邏輯案例分析，其表達的意思也是相同的。「我如何如何」有一個潛在的前提，就是我內心已經認定的某人或某件事有一個固定的前提。這個前提一定會導致接下來我期待的結果。

而其邏輯謬誤的根源就在於這個前提，不是經過科學論證後得出的真理，而是我作為當事人，自行補腦後自我定義的真理。所以往往很多時候，懷著這種想法行事的人，大多數都不會如願以償，反而還會飽受打擊。

在畢業季的時候，有很多想要考研究所的同學，他們覺得只要花大錢報了補習班就一定能夠考上，結果可想而知，十個人裡面有九個沒有考上，而考上的那個則是每天早起摸黑去圖書館複習的。工作時，很多人會覺得如果我是主管，我肯定不會讓手下的人這樣做，我會如何如何，但是等到他真的做了主管，就會不由自主的遵循前人的老路，而自己當年的那些想法，早就忘記了。

這些其實都是因為每個人對待每件事，在不同的時間有不同的心態和看法，所以行為也自然不同。如果成為了旁觀者去批評別人的事，那麼百分之九十九的人都會瞬間清醒過來。

以上說的這些都是個體化的差異，在愛情這個大背景下，其本質的著力點還是一致的，那就是人與人之間的第一效應，這種效應其實和人際關係中的心理效應是一致的。「造就一個有教養的人的教育中，有一種訓練是必不可少的，那就是，優美而文雅的談吐。」人際交往中交談的優劣，會對他人產生很大的心理效應。用清新、自然、文雅的語句表達自己的思想和觀點，是受到良好訓練的結果，這也包括平時環境的薰染。

關於愛情，你做什麼或有什麼，他就喜歡你——神邏輯，是行不通的。換種說法，這一神邏輯，對應的是具有一定病態的感情觀，是個體的認知誤差所產生的邏輯謬誤。在研究這一神邏輯對錯的同時，更需要我們做的是，尋找正確的邏輯思維來界定愛情邏輯，同時警惕和正確認知神邏輯中錯誤與止確的概念。

想要用魅力征服一個人，不應該是去做他喜歡的事，而是應該將自己的特長和優點展現出來讓對方發現。如果你的優秀之處恰好是對方喜歡的，這樣的愛情是兩情相悅；如果你的優秀之處無法吸引對方，也並非是你不夠優秀，而是人與人之間的喜好不同，對方只是剛好不喜歡你的這些而已。

不能為了自己單方面的喜歡，更改多年的喜好和性格去迎合另一個人。當然這種不能改變，並不是說所有情況下不能改變，在兩個人互相喜歡並在一起生活後，為了更好的生活改變原則是可取的。但是這兩種變化，在發生的事件和大的環境上是完全不同的。所以其對應的正確的行為指向也各不相同。

我們研究神邏輯，說到底是為了更好的健康生活。改變一些不正確不可取錯誤的世界觀和價值觀；改變一些人頑固執拗的態度，糾正一些人對某些事的看法和行為，使我們的生活乃至整體的社會環境更加健康和諧。

想要成為戰勝神邏輯，從不會被神邏輯誤導的清醒之人，需要我們不斷的學習新的知識，不斷的用新的觀點對待身邊的生活環境和各種大小事。學會講究科學的方法，善於將帶有神邏輯色彩的事當作玩笑，聽一聽、笑一笑就過去了。

神邏輯謬誤

訴諸自然

認為某個現象很「自然」，所以它是合理、必然並且更好的。

某個現象是自然的並不一定代表它就更好。互相殺戮是大自然中普遍存在的現象，但是大多數人都認為我們不應該互相屠殺。

例子：小紅認為吃傳統草藥肯定比吃人工製造的藥有效，因為草藥更加「自然」。

神邏輯經典對話

對你來說不過就是舉手之勞嗎？有什麼難的

Ａ家裡的一個親戚出了點事，想起新來的室友是個官二代，立刻跑到他面前大獻殷勤。新來的室友得知前因後果之後，拒絕了他的要求。

新室友：「我爸不管這塊，而且也不方便。現在法律體系很健全，如果你的親戚真的是被冤枉的，找個專業的律師，一定能為他洗刷冤情的。」

Ａ：「別以為我不知道，這些事只要當官的一句話就能搞定，你不幫我不就是因為我沒錢嗎？如果我有錢，我還要求你？」

小黃看中了一臺新電腦，但是超出了預算，於是想起了在另一所學校的表哥。於是小黃打電話給表哥。

小黃：「哥，借我點錢，我想買臺電腦。」

表哥：「我這個月的生活費也不夠了，你要買什麼電腦？我的舊筆電還可以用，不然先拿給你用好了。」

小黃：「你那臺破筆電跑得動遊戲嗎？借不借，一句話，別說那麼多廢話。」
表哥：「我自己手頭也緊。如果有還會不給你嗎？」
小黃：「大姨要你多照顧我，結果找你借點錢都借不到了，你不是才買了手機給你女朋友嗎？你對外人都那麼大方，對自己的弟弟卻那麼小氣。」
表哥：「這個月的預算真沒有了……。」
小黃：「別說了，你不是我哥，以後別找我。」

同學聚會，小雨一到KTV就被圍了起來。
「哎呀，大才女來了。」
「快來，坐坐坐。」
小雨：「不好意思，來得有些晚了，你們繼續。」
同學A：「小雨，我上次看到新聞，報導妳的畫展呢！恭喜妳，完成了多年的夢想。」
同學B：「是啊，小雨讀書的時候就很會畫畫，沒想到現在真的成了一個畫家。」

小雨跟大家聚完餐之後的第二天，一個同學加了她的微信。

同學：「小雨，妳還記得我嗎？高中時我坐在第三排，經常找妳借功課抄的那個。」

小雨：「記得呢！你好。」

同學：「是這樣的，我聽說妳很會畫畫，剛好我要搬新家，妳能幫我畫一幅嗎？我保證會好好珍惜這幅畫，全家都會感激妳的。」

小雨：「我的畫展裡有些成品，你可以直接去買。」

同學：「我們關係那麼好，還要錢？。」

小雨：「是啊！我的畫賣出去的錢都用來做慈善，會捐給山區的小朋友買學習用具。」

同學：「那些都是假的，根本就到不了那些小孩子手裡，妳別上當了。我們好歹同學一場，妳就不能送我一幅嗎？妳賣了錢也是送給別人。」

同學：「一幅畫又耽誤不了妳多少時間。」

小雨：「真的不好意思。」

同學：「哎，妳這人怎麼那麼小氣，找妳幫點忙推三阻四的。真後悔認識妳這樣勢利的人。以後我再也不會找妳了。」

小黃在明星高中當老師，每天遇到最多的問題，不是頭疼的學生，而是慕名找過來要他開後門的各種家長。

家長：「黃老師，你那麼年輕、有能力，如果我的小孩能讓你教，那絕對放一百個心。我們家中年得子，我丈夫不知道多在意這孩子，可偏偏這孩子皮得很，功課不好，不服管教，放到別人那我也不放心，想來想去也就你這好。」

小黃：「可是你的孩子沒有考上我們的學校呀！」

家長：「就是這樣，我才來找你啊！你就通融一下，讓我的小孩進你們學校吧！我跟你媽可是牌友，打了十幾年的牌了，你也算是我看著長大的。」

小黃：「可這個真的通融不了，我來學校也才兩年，這件事我真的做不了主。」

家長：「你就這麼不願意幫忙嗎？是不是因為我家沒錢？要是我家有錢，我還需要來找你嗎？如果我有錢送禮給你，你還會說這種話嗎？我真是白對你們好了。」

小黃汗顏，其實這個阿姨對自己真的沒有很好，跟自己的母親也不算是朋友，就打過幾次牌，最主要的是，他確實沒有這個能力幫忙。

第八章

神邏輯測試，驗證你的思維模式是否夠神

01 高深莫測！看看你的神邏輯指數有多高

生活中我們總能遇到些神邏輯，比如：

父母常說：「別人都能做到，你為什麼做不到？」

老師常說：「為什麼他不去招惹別人，偏偏要招惹你？」

親戚常問：「你那麼有錢，為什麼不借我一點？」

熊孩子（按：形容調皮的孩子，歲數小不懂事，無法無天）的家長常常說：「他只是個孩子，等你當了父母你就明白了。」

諸如此類，時常令人無言以對。聰明的你是否具備一眼看穿這些謬論的邏輯力呢？快來測測看！

答題開始嘍，本測試共九題：

1. 如果生活在北極地區的動物都是白色的，由此能得出哪些推論？（多選）

（A）阿花是一隻生活在北極的熊，所以它肯定是白色的。

（B）阿花是一隻白色的熊，所以它一定生活在北極。

（C）阿花是一隻棕色的熊，所以它肯定不在北極生活。

（D）阿花是一隻生活在溫帶的熊，所以它肯定不是白色的。

2. 蘋果甲：「聽說了嗎？今天一顆柳丁綁架了一顆草莓。」

蘋果乙：「柳丁們真是品行堪憂啊！」

以下哪一句話最能反駁蘋果乙？

（A）蘋果乙就是個跟風的人，別人說什麼它就說什麼。

（B）做出這種事的並不是真正的柳丁。

（C）怎麼能從一顆柳丁的行為就推出普遍結論？

（D）柳丁鎮歷史悠久，居民素質不可能低。

3. 在曝光某建築企業存在黑幕的新聞下方有以下幾條留言，其中哪一種不是「神邏輯」？

（A）放著那麼多黑心企業不說，只說這一家，必定是收了其他企業的黑錢，只有這家沒給錢。

（B）報導大篇幅都集中於這家企業老總的個人作風問題，黑幕只停留在猜測和暗示，沒有確實證據。個人的道德瑕疵與企業是否違法有關嗎？

有嗎？

（C）我最崇拜的一位老師現在就在那上班，他人品非常好，我不相信他們會做出這種事。

（D）有時間調查這個，怎麼不多關心食品安全問題？

4. 物理學家山羊教授公開反對對農作物使用殺蟲劑，以下論證中合理的是：

（A）山羊教授並非農業專家，所以我不贊同他關於殺蟲劑的觀點。

（B）山羊教授這樣聰明的人都反對殺蟲劑，殺蟲劑一定有問題。

（C）山羊教授經常人身攻擊他的反對者，這證明他十分心虛，他的觀點不可靠。

（D）山羊教授列舉了兩項實驗來證明他的觀點，我認為其實驗結果不具有說服力，所以還是無法贊同他的觀點。

5.《動物方城市》（*Zootopia*）中，十四名食肉動物野蠻化後開始攻擊其他動物，因此，動物城的居民認為，所有的食肉動物都很危險。動物城居民犯了以下哪種邏輯謬誤？

（A）人身攻擊

（B）稻草人謬誤

（C）訴諸潮流
（D）輕率歸納

6. 以下有關因果關係的推論中，不合理的有：（多選）
（A）我老婆進醫院時還好好的，做完手術沒兩天就去世了，肯定是手術出了問題。
（B）你應當相信神的力量，因為如果你不信，祂就會懲罰你。
（C）要是允許同性婚姻，大家都不生孩子，人類就要滅絕了。
（D）科學統計顯示，兒童觀看暴力電視節目的頻率，與其成年後表現出暴力行為的機率之間存在正相關性，由此可知，暴力節目會激發兒童的暴力傾向。

7. 北方人都愛吃麵。你也愛吃麵，所以你一定是北方人。
與前面論證犯了同類邏輯謬誤的有：（多選）
（A）我身邊的人都覺得中日必有一戰，中國人都是這麼認為的。
（B）偉大的想法最初都不被認同。所以你們都不同意我的想法無所謂，這正好證明了這個想法很偉大。
（C）「雨神」蕭敬騰要來開演唱會了，晚上一定又要下暴雨。

（D）豬八戒告訴唐僧，只要孫悟空使用障眼法，便可將凡人變為白骨的模樣，因此，眼前這堆白骨正是師兄用障眼法製造的假象。

8. 美國前總統小布希在談到反恐戰爭時說：「如果你不和我們站在一起，就是和恐怖分子站在一起。」以上論證犯了同類邏輯謬誤的是：

（A）別人都結婚，你為什麼不結婚？

（B）這東西反正你也不用，送給我正合適。

（C）大家都支持這個方案，所以你提出的反對意見站不住腳。

（D）你不過是一個做工的，有什麼資格對國家大事指手畫腳？

9. 以下論證中，屬於「神邏輯」的有：（多選）

（A）我抄襲？你那篇文章還不知道是誰寫的呢。

（B）網友小袁的女友對小袁說：「你不買包給我就是不愛我。」於是，小袁花了四百歐元買了一個包送給女友，隨即與之分手，以「我送了包也能不愛你」來反駁女友。

（C）如果人不是你撞的，為什麼要扶？

（D）你要是不好好念書，就考不上大學、找不到好工作，將來肯定會一事無成！

答案：

題號	答案
1	AC
2	C
3	B
4	D
5	D
6	ABCD
7	BD
8	B
9	ABCD

答題說明：

- 答對0~4題：「神邏輯」易感人群，小心，你可能很容易被四處彌漫的「神邏輯」病毒感染！
- 答對5~6題：「神邏輯」抵禦者，你不會輕易被「神邏輯」迷惑，只是有時會鬱悶：這句話明明不對勁，可就是說不出哪不對！
- 答對7~8題：「邏輯大師」，許多看似有理的「神邏輯」，也難以在你這裡蒙混過關！
- 全答對：「神邏輯」終結者，恭喜你，你的邏輯能力已經相當厲害！

神邏輯謬誤

軼事證據（傳聞證據）

試圖用個人經驗或者單獨事例來取代邏輯論述或者有力的證據。

比起複雜而確鑿的證據，軼事證據更容易獲得，但是粗淺很多。在絕大多數情況下，量化衡量的科學資料／確鑿證據比個人經驗／軼事要更加可信多了。

例子：小紅爺爺是個三十年的老菸槍，現在八十多歲身體還很健康，小紅依此得出吸菸對身體無害的結論。

神邏輯經典對話

每個人的童年都有一個別人家的小孩

最近愛上手遊，不時被老媽訓斥。

媽媽：「不好好做作業，就知道打遊戲，難怪成績那麼差，你看你們班長，他打遊戲嗎？」

我十分誠實的回答：「打呀。《陰陽師》已經成了全民手遊了，我們班長前段時間還抽了個SSR（按：Superior Super Rare，是各種集換式卡牌遊戲中，卡牌稀有度級別分類的一種）。」

媽媽似乎沒想到班長也會打遊戲，冷著臉，看了我一會。我以為這事應該告一段落了，沒想到她竟然說：「你班長打遊戲成績還能那麼好，你再看看你！你那麼笨，什麼不好學，學人家打遊戲。」

我無言以對。

有一天，我媽媽又逮到我在玩手遊，二話不說把我的手機給沒收了。

我：「媽媽，我就是平時沒事無聊玩一下，也沒有沉迷，妳就饒過我這一次吧？」

媽媽：「都跟你說過多少次了，不許打遊戲，手遊也不許玩，你看你們班長，不就沒在玩嗎？」

我：「不是啊！上次我才跟你說的，他也在玩，而且很喜歡玩，我們全班都知道。」

媽媽：「那是因為他成績好，有資格玩，你成績不好還想要打遊戲。你要是跟他一樣成績好，我保證也不會管你。」

星期六我約了同學一起出去玩，我媽一大早不知道怎麼的，莫名其妙的對我發火。

媽媽：「週六不好好在家裡讀書，就知道出去玩。我怎麼會生了你這個不懂事的臭小子？」

我：「媽媽，偶爾休息一下也是正常的，我們老師說要適度休息。」

媽媽：「怎麼你們老師說要適度休息，你就聽進去了，他叫你要好好學習的時候，你怎麼不聽？你們班長就乖乖的在家裡。」

我：「你怎麼知道班長今天乖乖在家？」

媽媽：「他要是也跟你一樣到處去玩，怎麼能當班長？」

所以當班長不能出去玩，還是不出去玩就能當班長？我一臉茫然。

星期日我拿著籃球，正準備出門，媽媽冷不防的出現，教訓我。

媽媽：「一天到晚都出去野，經常不在家，像什麼樣子？昨天才唸過你，你當我的話是耳邊風是不是？」

我認命的告訴她：「我昨天已經問過了，我們班長也出去玩的，他都出去玩，這就證明成績好不好跟出不出去玩沒有關係，對不對？」

媽媽：「他是個聰明人才會出去玩，你本來就比別人笨，怎麼就不能好好在家裡待著？勤能補拙，你懂不懂？」

我懂是懂，但是妳確定我們剛剛在聊的是這一點？

星期一放學回來，我換了鞋就準備出去，媽媽再一次攔在了我的面前：「又想跑到哪裡去？你看看隔壁家的柚子，每天放學就在家裡寫作業、背英文，聲音大得我做飯都能聽見。」

我：「柚子最近扭傷了腳，不能出去玩。」說起來也是因為跟我們一起打球才扭傷的。

媽媽：「那你也應該向他好好學習，你瞧瞧人家的學習態度多好，哪像你？」

我：「他也沒有那麼勤奮，一般都在打遊戲。」

媽媽：「你怎麼知道？」

我：「我這不是正準備去他家嗎？」

媽媽一巴掌打了下來：「你還敢去他家打遊戲？」

將萬惡的試卷帶回家，免不了會有一頓責罵，果不其然，我媽一看到上面的紅叉叉，氣又上來。

媽媽：「這種題目也會錯，你們班長就不會犯你這樣的低級錯誤。」

我解釋：「他也錯了，實際上是老師之前教錯了。」

媽媽：「自己沒做對還找理由，是不是！你們班長錯了，難道也會說是老師的錯嗎？」

我放棄說話的權利。

媽媽：「把這個吃了，補腦的。」
我拒絕：「補那麼多幹嘛，我又不喜歡吃。」
媽媽：「你們班長天天吃這個，所以成績才那麼好的，你看看你，不僅學不來他的好成績，還學不來他的聽話。」
媽媽：「你們班長天天上這個補習班，那個補習班，你看看你，要你去就像要你命一樣。」
我：「他成績本來就好，補習當然有用，我去了補習班也跟不上啊！」
媽媽：「那你為什麼成績不和他一樣好？」
媽媽：「這次考試考了多少？」
我：「A。」
媽媽：「那班長呢？」
我：「他考了A+吧！」
媽媽：「為什麼人家能考那麼好，你就不行？都同一個老師教出來的，怎麼差那麼多！你就不能好好讀書嗎？你知不知道為了你，我……。」

我非常小聲的反抗：「因為不是一個媽生的啊！」

一巴掌打到我頭上：「你還頂嘴了是不是？」

又一次，媽媽問我：「這次考試考了多少？」

我：「A＋。」

想到上一次的教訓，我立刻補充：「班長考A。」

媽媽：「你不和考得好的比，總和成績不好的比幹什麼！成天不知道好好讀書，就知道關注別人，別人的成績是好是壞跟你有什麼關係？你要是把這心思放在學習上，你至於只有這一次考A＋嗎？我努力賺錢讓你去上補習，難道就是為了讓你跟別人攀比嗎？我還不是……。」

以上的種種案例經常出現在身邊，誰的童年都有一個別人家的小孩，父母這種神邏輯滲透在我們的生活之中。如果你記恨上了那個別人家的小孩，那麼，你應該停下來思考，你是不是陷入了神邏輯的怪圈之中。

你媽媽拿別人跟你比，你為什麼要記恨別人而不是你媽媽？咦，上面的邏輯好像也不太對！

02 六個邏輯推理故事，你答對幾個？

迷人的女酋長

在西太平洋上，有一個小島，島上有三個部落，分別是總講真話的卡卡族（代號為Y），從不講真話的夭夭族（代號為N）和真話假話分不清楚的西里族（代號為？）。

因為三個族的族長都是女人，所以她們經常會對關於誰最美展開辯論。下面是三個族長在競賽中說的話：

卡麗（代號為A）：夭蘭是西里族，夭蘭比希瑞更美麗。

夭蘭（代號為B）：希瑞是夭夭族，卡麗是卡卡族。

希瑞（代號為C）：我們中間最不誠實者最難看，卡麗肯定不是我們三個人中最美麗的一個。

請指出她們分別屬於哪個部落，和她們在魅力競賽中的名次。

答案：魅力比賽名次：第一名夭蘭，第二名卡麗，第三名希瑞。

推理提示：

先假設一句話是錯的，再推論其他人，看是否矛盾（如有矛盾則換一種假設，如下表）。依此類推下來可知，卡麗是西里（第一句話是假的，第二句是真的）；夭蘭是夭夭；希瑞是卡卡。

組合	卡卡族（Y）	夭夭族（N）	西里族（？）	是否成立
1	A	C	B	X
2	A	B	C	O
3	B	C	A	X
4	C	A	B	X
5	C	B	A	X
6	B	A	C	X

A：卡麗。

B：夭蘭。

C：希瑞。

無情的船長

卡塔尼亞和多格尼亞兩個公國之間的戰爭一直持續了數百年，戰亂使得兩國的百姓都不得安寧。

為了促使兩國人民和平相處，經過協商，兩國國王共同簽署了一項法令，明確規定所有來往於兩國之間的商船上，都必須同時有來自兩國的船員，而且其人數必須相等。在某個具有歷史意義的日子裡，這樣的船終於開始通航了。

這艘商船上共有船員三十人：十五個卡塔尼亞人和十五個多格尼亞人，船長則是強壯而冷酷無情的多格尼亞人。出航沒多久，船就遇上了風暴，受到嚴重的損壞。船長表示，惟一能救這艘船的辦法，就是把一半的船員扔下海，以便減輕船的負荷。

為了公平起見，他決定讓船員們抽籤決定由誰來赴海蹈死：所有人都站成一排，由船長讀數，每數到第九的船員就被扔下水。大家都同意了這個辦法。奇怪的是，因這種辦法而被扔下水的船員，全是卡塔尼亞人，沒有一個多格尼亞人。船長是怎麼將船員進行排列的？

答案：船長讓船員們排成一個圈的一列隊，從數字一開始，每數到第九的船員被扔下水。

推理提示：

多格尼亞船員的數字是：1、2、3、4、10、 11、13、14、15、17、20、21、25、28、29。

不幸的卡塔尼亞船員所站的位置則是：5、6、7、8、9、12、16、18、19、22、23、24、26、27、30。

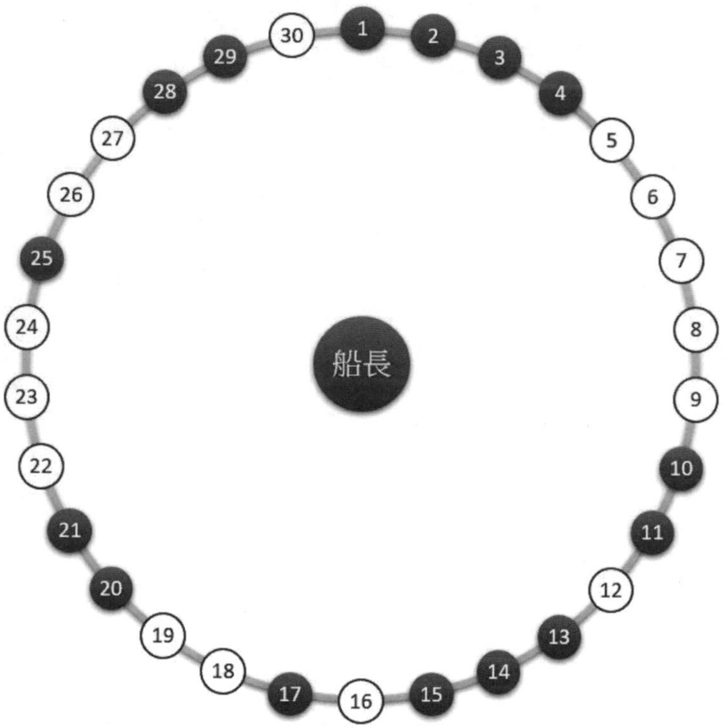

富商的酒桶

有一位酒商有六桶葡萄酒和啤酒，容量分別為三十公升、三十二公升、三十六公升、三十八公升、四十公升、六十二公升。其中五桶裝著葡萄酒，一桶裝著啤酒。第一位顧客買走了兩桶葡萄酒；第二位顧客所買葡萄酒是第一位顧客的兩倍。請問，哪一個桶子裡裝著啤酒？

答案：四十公升為啤酒，第一個顧客買的是三十和三十六，第二個顧客買的是三十二、三十八、六十二。

推理提示：

顧客一買走兩桶葡萄酒，最少的情況下：

30＋32＝62（公升）

因為顧客二買的葡萄酒是第一位的 2 倍：

62×2 ＞ 40＋62

因此，顧客二買走了3桶葡萄酒。在數字 30、32、36、38、40、62 中，可以得到：

(30＋36)×2＝32＋38＋62。

因此：40 公升的桶裡裝著啤酒。

偽造的硬幣

大多數偽造硬幣謎題中，使用的都是有兩個託盤的天平。但在本題中，這個天平只有一個託盤。現在，你有三大袋金幣，但事先並不知道每一袋金幣的具體數量。其中一袋全部都是偽造的硬幣，每個硬幣重五十五克；另外兩袋則全是真硬幣，每個硬幣重五十克。如果要找出那袋偽造的硬幣，你最少得操作多少次才行？

答案：一次（可參考左頁推理提示）。

電話亭的故事

新來的維修工負責維修某地段內電話亭的電話機。

如下所示，在他的職責範圍內，共有十五個電話亭。主管告訴他，前八個電話亭中有五個都需要修理，並要他先試修其中的一個。維修工聽後，直接走向了八號電話亭。為什麼？

答案：主管的話，言外之意指檢查到第八個時，也是壞的，所以前八個裡面有五個壞的。

1	2	3	4	5
6	7	8	9	10
11	12	13	14	15
16	17	18	19	20

推理提示：

分別將三袋金幣標上 1、2、3 的標號。從1中拿出一顆金幣，2 中兩顆，3 中三顆（按：若取的數量三個皆相同，或兩個相同一個不同時，數字調換後總重量仍會相同）；一起放在天平上稱重量，若重量為 305，則 1 為假；若重量為 310，則 2 為假；若重量為 315，則 3 為假。

若 1 為偽幣

編號	1	2	3
重量／個	55	50	50
數量	1	2	3
重量	55	100	150
重量合計	305		

若 2 為偽幣

編號	1	2	3
重量／個	50	55	50
數量	1	2	3
重量	50	110	150
重量合計	310		

若 3 為偽幣

編號	1	2	3
重量／個	50	50	55
數量	1	2	3
重量	50	100	165
重量合計	315		

豪宅裡的謀殺

羅密歐與茱麗葉幸福的生活在一所豪宅裡。牠們既不參加社交活動，也沒有與人結怨。

有一天，一個女僕歐斯底里的跑來告訴管家說，牠們倒在臥室的地板上死了。管家迅速與女僕來到臥室，發現正如女僕所描述的那樣，兩具屍體一動也不動的躺在地板上。

房間裡沒有任何暴力的跡象，屍體上也沒有留下任何印記。兇手似乎也不是破門而入的，因為除了地板上有一些破碎的玻璃外，沒有其他跡象可以證明這一點。管家排除了自殺的可能；中毒也是不可能的，因為晚餐是他親自準備、親自伺候的。在檢查屍體的時候，管家沒有發現死因，但注意到地毯濕了。

牠們到底是怎麼死的？誰殺了牠們？

答案：管家認定女僕必須對羅密歐與茱麗葉的死負責。因為沒有其他人在房間，而水缸是不會自己翻倒的。女僕立即被解僱了，因為她不小心，導致兩條金魚意外死亡。這兩條金魚——羅密歐與茱麗葉都是主人最心愛的寵物。

◈神邏輯謬誤

德州神槍手謬誤（射箭畫靶）

在大量的資料／證據中刻意的挑選出對自己觀點有利的證據，而不使用那些對自己不利的資料／證據。

你先開了一槍，然後在子彈擊中的地方畫上靶心，搞得自己是個神槍手一樣。

也就是你先決定了自己的立場，然後才開始找證據，並且只找對自己有利的，而對於那些對自己不利的就選擇性忽略。

例子：明明慈善基金會為了證明單位有善用捐款，到處宣傳自己撥出了多少錢的善款，卻隻字不提自己公款消費的奢侈無度。

神邏輯經典對話

你今天真漂亮——所以我平時不好看嗎？

男朋友在外出差，想要給小麗一個驚喜，於是沒有跟小麗說就提前回來，看到小麗之後，男朋友送上禮物，誇讚她：「小麗，妳今天真漂亮。」

小麗收下禮物，看著朋友羨慕的目光，回：「難道我平時不漂亮嗎？」

男朋友：「怎麼會呢！妳每天都好看。」

小麗看到微博上被傳得沸沸揚揚的離婚案，覺得女方太假了，於是試探的問男朋友：「要是我那麼做的話，你會跟我分手嗎？」

男朋友：「怎麼會呢！妳那麼聽話懂事，就算妳幹了這事，肯定也是有苦衷的，寶貝，我一定會仔細聽妳解釋的。」

女朋友：「那如果是前女友幹了這種事呢！你會跟她分手嗎？」

男朋友：「嗯，分，一定分。」

女朋友：「所以你還在想著你的前女友啊！」

男朋友：「……我沒有說什麼啊？」

小麗買了一款新香水，當天噴得香香的去見男朋友。

男朋友：「寶貝，妳今天真香。」

小麗：「那當然！這可是我找朋友從英國代購回來的，非常難買哦！」

男朋友：「主要還是寶貝有品味，才能選到那麼香的香水。」

小麗：「我最有品味的事情不是選擇了你嗎？」

男朋友：「是是是，寶貝說的是。」

小麗：「哼，你這樣敷衍，很明顯就是不認同。」

男朋友：「……沒有呀！」

小麗：「你平時都不會這樣的，你是不是做了什麼虧心事？」

是朋友才找你

橘子家庭條件不錯，畢業後又找了一份好工作，經濟相較於同齡人而言要寬裕很多。

柚子：「新出的蘋果手機不錯，你幫我買一個，回頭給你錢。」
橘子：「上次那個筆記本的錢你還沒有……。」
柚子：「你這人怎麼回事？你我兄弟一場，還怕我跑了嗎？我沒想到你是這樣的人，以後別聯絡了。」
橘子還沒有說完，那邊就掛了電話。

身為網紅，小李最近很苦惱，想內容已經非常麻煩了，偏偏還要應付一些無理取鬧的人。
友人：「兄弟，幫我按個讚！行不行！」
小李：「不好意思哦！我只對自己覺得有意思的內容按讚呢！」
友人：「你的意思是我做的內容沒有意思嗎？我也知道自己做得不好，如果厲害的話，我還需要你按讚嗎？你知不知道經營社群有多難？」
小李：「對不起，我真的不按讚。」
友人：「你們這些人，一點成績就自大，如果不是我們，你們能被其他人喜歡嗎？你真的很惡毒你知道嗎？紅了也不願意幫助別人，你這樣的人是會下地獄的。」

小麗新買了一個包包，在好友群組發照片，看到花花在下面留言。

花花：「新包包真好看。」

小麗回覆花花：「還好啦！」

不一會兒花花就來私訊小麗。花花：「小麗，妳現在越來越厲害啦！又買了新包包呢！這包包要幾萬元吧？」

小麗：「我請在義大利的同學帶的，一萬多元而已啦！」

花花：「一萬多元已經很多了！真羨慕妳，妳看我就買不起。不過妳包包那麼多，應該背不完吧？能不能送我一個呀？」

小麗：「不好意思啊！這些包包我都輪流換背，而且一般背不完的我都送給我妹妹啦。」

花花：「妳說了那麼多就是不願意送給我！妳別說了，真沒有想到妳是這樣小氣的人。」

說完後，花花跑到群組去吐槽小麗小氣，小麗完全不知道自己做錯了什麼事，只是覺得再也不願意跟花花這種人做朋友了。

03 突破盲點，再也不被神邏輯打敗

我們的生活一直離不開網路，很多資源和資訊也來自於網路。沒有網路之前，我們了解的資訊是從書本、朋友、師長身上獲得的，一般都經過了各種檢驗，大多數是正確的，或者是有一定價值的人生經驗。

但是在網路時代，我們接受的資訊很多來自於不認識的人，我們不了解發語者的性格和價值觀，也不知道對方說出這樣，或那樣的結論的語境和社會環境。有時候，我們因為這句話夠奇葩、夠新穎或者剛剛好符合自己當時的心境，所以將其奉為真理，這也是神邏輯得以廣泛傳播的主要原因。

那麼，我們應該如何辨識和規避神邏輯謬誤，成為不會被神邏輯打倒的高手？接下來，就給大家介紹四個筆者總結的小方法，大家互勉。

透過現象看本質，快速判斷某個觀點是否存在謬誤

在書的最前面就提到過，神邏輯表達的很多觀點之所以是錯的，就是因為其依循邏輯學中的前提必然性。而很多人對必然前提的定義，大多數是盲目的，或者取

自於自己的判斷，或是非科學權威性的假的判斷，所以才會導致邏輯理論本身的奇葩，從而誕生神邏輯。

所以**判斷一個奇葩或新穎的觀點是不是神邏輯，只要先找出它的前提，對其前提的正確性進行判斷，就可以事半功倍**。當然，這種對前提的判斷，也並不是所有的都正確，因為不能忽略，有部分前提的產生是來自於自身的，這個時候就需要他人的幫忙，需要專業的知識了。

多聽聽旁觀者的意見

很多時候我們之所以深陷神邏輯的謬誤中，甚至堅定不移的支持和信仰神邏輯，是因為神邏輯表達的觀點，符合我們的切身利益，或者能夠表達我們當時的心境。這個時候，想要識別神邏輯，避免被神邏輯控制做出更嚴重的禍事，就必須多聽多問，尤其是**多去問問平時和你來往並不密切，但是在朋友圈中口碑很好，甚至以前的交往中，你頗為忌憚的一些朋友或前輩**。

因為這些人在以前和你的交往中，雖然有摩擦或關係不密切，但這也恰恰反映了，你們的世界觀和價值觀是有明顯的差距和衝突的。越是這種時候，和你不同價值觀的旁觀者才能更快、更準確的指出你是否被神邏輯控制。

反之，平時和你相交密切的好兄弟、好朋友，反而更容易和你一樣被同一個神邏輯所誤導。前面我們也曾提到過，經常在一起的人，有時候會因為共同應對過某件事，或者共同見證過某個人的品行，而在一部分想法上大同小異。這個時候，好閨蜜、配偶、親人的想法很可能受你影響或和你一樣。

錯了不要緊，不要一錯到底

一時被神邏輯誤導並不可怕，可怕的是一錯到底。比如將神邏輯的謬誤抬高到道德標準，對公眾人物進行道德綁架，無知的自我擴展自己的權利，擾亂事情的正確走向等。每個事件的發展都會經歷開端、發展、高潮和結局這幾個過程。在高潮過後，很多人會漸漸冷靜下來，風向和苗頭會自然的朝正確的走向改變，這是客觀世界發展的必然準則。

當你深陷某個神邏輯謬誤引發的災難之中，在隨後的事態發展過程中逐漸發現了問題不對勁，這個時候不要為了自尊或面子，依舊去堅持自己的觀點。應該及時關注事情發展的整體動向，當發現新的問題或新的走向時，多去問幾個為什麼。

當正確的觀點出現，且你內心已經有了一定的相信和自我懷疑的時候，勇敢的去面對，勇敢的去發現自己的錯誤。**自我檢討永遠比被別人指出過錯，要更勇敢，也更值得尊重**。

在對待神邏輯的問題上，也是如此。

可以因為一時新穎，對某個奇葩觀點熱衷，不斷散播。但是當意識到這個觀點是錯誤時，也要勇於去彌補自己的過錯，將正確的觀念回饋給身邊的人，及時遏制一種很可能引發大的輿論災難的神邏輯謬誤的深度傳播。

遠離價值觀不正常的親朋好友，心懷警惕

人們接受的神邏輯大都是從身邊的朋友口中得知的。比如每隔一段時間就在網路上流行新的口頭禪，或者某個名人的某個行為，還有電影裡的某個手勢。這個時候，應該接受哪些資訊，抵制哪些資訊，就需要自己認真抉擇。

同時，對於資訊的傳播者也應該有一定的考量和評判。人們傳播的往往是和他的價值觀相同的某些理念或行為。平時多觀察身邊的朋友，深度了解對方是什麼樣的個性，具有哪些需要忌憚或警惕的性格觀念。只有未雨綢繆，才能從根源上杜絕被神邏輯俘虜。

如果是平時就喜歡評價別人，憎惡社會，價值觀和當代奉行的價值觀有出入，辦事也經常陰奉陽違，口碑很不好的朋友，在接手他傳播的一些新奇的觀念行為時，就要警惕。

如果是正直，口碑好，值得尊敬的人傳播的一些理念，則可以選擇性的繼承，選擇恰好自己需要的那一部分，摒棄過於偏激的部分。

因為無論是好是壞，只要一種行為或觀念的個人色彩濃郁，就說明它不是大眾的，不是適應於整個社會的，甚至有可能是有危害的。

但是，這種個人色彩的觀念，並不等於就全部都是錯誤的。而只是這種個人色彩的觀念，是沒有經過社會的考驗，或者是無法經過社會的考驗的。這種時候，應該一笑置之，不要過於執著，也不要再用自己的觀念去反駁評判，因為自己的也不一定是正確的。

神邏輯謬誤

訴諸中庸（中間立場）

你覺得兩個極端觀點的妥協，或者說中間立場，肯定是對的。

雖然大多數時候，真理確實存在於兩種極端的中間地帶，但是你不能輕易的認為只要是處於中間立場的觀點就一定是正確的。謊言和實話的中間地帶依然是謊言。

例子：小紅認為疫苗會造成兒童自閉症，阿忠從科學研究的結論中得出結論，認為疫苗不會造成兒童自閉症；小明則認為兩者觀點的妥協——疫苗會造成兒童自閉症，但不是全部的兒童自閉症都是因為疫苗而導致的——才是正確的。小明犯了中間立場的謬誤。

神邏輯經典對話

你那麼有錢，還差這幾千元嗎？

阿源的朋友找他借錢，阿原因為童年玩伴欠錢不還的事有了陰影，便委婉的拒絕了。

朋友：「不會吧？就找你借個幾千元？你平時一件衣服都上千元了，你怎麼回事？一點錢都捨不得了是不是？」

阿源：「那些衣服是我爸買給我的。」

朋友：「我知道你是富二代，你有必要在我面前炫耀嗎？白跟你做了那麼多年的朋友了，果然越有錢越摳門。」

然後阿源小氣的名聲就不知不覺傳開了。

老王的資金最近有了一些問題，恰好親戚阿遠近年來生意不錯，老王便想要找阿遠要回十年前借給他的四十萬。

阿遠得知之後，避而不見，老王沒辦法，在阿遠家堵了半個月。誰知道阿遠沒回來，卻見到了阿遠的爸爸，也就是自己的表叔。

表叔：「小王啊！表叔當年對你也不錯，看著你長大的，借了錢我們又不是想要賴帳，你天天守在這裡，搞得別人以為我們家怎麼了。」

老王：「表叔，真的不好意思，實在是因為最近資金有些問題。」

表叔：「你們那麼大的生意，資金問題也不缺這幾十萬元吧？」

老王：「你們家現在生意做得也挺好的，……所以……。」

表叔：「所以你就是見不得我們家好！你又不缺錢，還找我們還錢，你這人太不厚道了。」

張律師最近遇到了一個難纏的親戚，動不動就打電話給他，問東問西。起初張律師還會好聲好氣的回答，再後來這個親戚，幫這個人問，幫那個人問，什麼都問之後，張律師表示拒絕。

張律師：「表舅，您可以來我們公司，到時候會有專業的律師顧問給您解答的。」

表舅：「這哪好意思呢！反正也就是動動嘴巴的事，有你就行了。」

張律師：「不是，平時這些諮詢都是要錢的。」

表舅：「要錢？要什麼錢？我又沒要你幫我打官司，就是問你點事也要錢？你們當律師的也太不厚道了吧！動動嘴皮子就要錢？這不是搶劫嗎？」

張律師：「這就是律師的工作，就跟老師教學生也會有薪水一樣。」

表舅：「哪有一樣？你就是個黑心的人，虧我還以為你是個好人，還跟我的朋友誇你，想幫你介紹生意，你真是太讓我失望了。」

反正你也用不上，不如送給我，還能賺個好名聲

阿聯換了一個新手機，朋友有些羨慕，拿著他換下來的舊手機不肯放

手，最後開口道：「阿聯，你的舊手機也用不到了，不如送給我吧？你還能賺個樂於助人的好名聲。」

阿聯：「這個舊的也不值多少錢了，而且有點壞了。」

朋友：「沒關係，我不在意的，你就送給我吧？我不會嫌棄這是舊的，我們那麼多年的交情，我怎會怪你不送個新的給我呢？」

阿聯：「可是我答應給我媽了，下次換新的，再送給你好嗎？」

朋友：「你讓你媽用你的舊手機？你怎麼那麼不孝順？你到底是不是人啊！自己買了個新的，把不要的、舊的給你媽，你這人怎麼這樣？」

阿聯年終的時候抽到一臺 iPad，同事很羨慕，其中一個跟阿聯有交情的同事對阿聯說：「你之前那個 iPad 還很新呢！又抽到一臺，你的運氣真是好啊。」

阿聯：「你也不錯呀！你抽到五千元呢！」

同事：「那也沒有你這個好呀！不過 iPad 這種東西還是雞肋的，我考慮好多次都捨不得買，既然你有兩個，不如把這個新的半價賣給我吧？反正你也是抽獎抽來的，賣了錢更實在。」

阿聯：「我那個舊的版本不如這個，我也準備換新的，剛好抽到了。不打算賣呢！再說公司的禮物也是一個紀念，留著自己用。」

同事：「你是嫌我出的錢少嗎？你是抽獎抽中的，又不是花錢買的，讓給我會怎樣？平時我對你也不錯，真沒想到你是這樣的人，本來我還想說賣你一個人情，既然你自己不要，那就算了，以後工作上出了什麼事，別想要找我幫你擦屁股。」

實際上，一直都是阿聯幫他擦屁股。

小可是個自由漫畫家，偶爾畫一些東西，跟她合作上色的是她的同學小欣，兩個人的關係比較要好，一起合作過多部作品，自娛自樂，沒有任何商業用途。小可畢業後沒有再畫畫，小欣去了一家漫畫工作室就職。等小可再聽到小欣消息的時候，是其他人在群組裡起哄。

其他同學：「小欣，妳好厲害啊！我看妳的作品都登上了那個 App 的排行榜呢！而且好多人都認識妳了。」

小欣：「哪裡厲害啦！大家都畫得比我好，我只是運氣好而已。」

小可聽了之後，打開同學所說的那個漫畫，發覺這是兩個人一起創作的作品，但小欣卻沒有署她的名。

小可打電話給小欣：「小欣，我看到那個作品了，當時的腳本和主筆都是我，妳只是負責上色後期那些，我不是怪妳的意思，我只是覺得，妳起碼要在作品上說明這一點。」

小欣：「親愛的，我們關係那麼好，還需要分得那麼清楚嗎？況且妳都放棄漫畫了，妳不知道要在漫畫這一行生存有多麼困難，妳就當幫幫我，把這個作品讓給我吧！等我賺了錢肯定分你。」

小可：「你之前也沒有告訴我……。」

小欣：「還不就是太忙，忘了。」

小可想了想，覺得這事還是得說清楚，於是小欣發火了：「小可，妳做人怎麼那麼不厚道，這作品當初是妳自己不要的，現在紅了妳就想署名，哪有那麼好的事？撿現成的便宜？我看在我們是同學的分上才好心跟妳說這些，妳現在把作品讓給我，還能賣我一個人情，妳如果硬要署名的話，大不了魚死網破（按：指拚個你死我活）。」

國家圖書館出版品預行編目（CIP）資料

神邏輯：不講道理的人總能講出一番道理，你如何對付這一本正經的胡說八道？更該學學神邏輯回懟脫困／楊牧之著 -- 初版 . -- 臺北市 : 任性出版 , 2021.06
272 面 ;17 x 23 公分 . --（issue：029）
ISBN 978-986-06174-7-4（平裝）

1. 邏輯 2. 通俗作品

150 110006047

issue 029

神邏輯

不講道理的人總能講出一番道理，你如何對付這一本正經的胡說八道？
更該學學神邏輯回懟脫困

作　　者／楊牧之
責任編輯／蕭麗娟
校對編輯／林盈廷
美術編輯／林彥君
副總編輯／顏惠君
總 編 輯／吳依瑋
發 行 人／徐仲秋
會　　計／許鳳雪、陳嬅娟
版權經理／郝麗珍
行銷企劃／徐千晴、周以婷
業務專員／馬絮盈、留婉茹
業務經理／林裕安
總 經 理／陳絜吾

出 版 者／任性出版有限公司
營運統籌／大是文化有限公司
臺北市 100 衡陽路 7 號 8 樓
編輯部電話：（02）23757911
購書相關諮詢請洽：（02）23757911 分機 122
24 小時讀者服務傳真：（02）23756999
讀者服務 E-mail：haom@ms28.hinet.net
郵政劃撥帳號：19983366　戶名：大是文化有限公司
法律顧問／永然聯合法律事務所
香港發行／豐達出版發行有限公司 Rich Publishing & Distribution Ltd
地址：香港柴灣永泰道 70 號柴灣工業城第 2 期 1805 室
Unit 1805, Ph. 2, Chai Wan Ind City, 70 Wing Tai Rd,Chai Wan, Hong Kong
電話：2172-6513　傳真：2172-4355
E-mail：cary@subseasy.com.hk

封面設計／Patrice
內頁排版／Judy
印　　刷／緯峰印刷股份有限公司
2021 年 6 月 初版
定　　價／新臺幣 360 元（缺頁或裝訂錯誤的書，請寄回更換）
I S B N 978-986-06174-7-4
電子書 ISBN／9789860617481（PDF）
9789860617498（EPUB）